まったくゼロからの論理学

まったくゼロからの論理学

Shigeki Noya

野矢茂樹

岩波書店

は じ め に

　あまりにもあたりまえのことですが、授業には相手がいます。相手のことを考えないで独演会をするのは授業ではありません。ですから、学生が変われば授業は変わります。そして教科書も変わります。私は1994年に記号論理学の教科書を出していますが、本書はいま私が教えている立正大学文学部哲学科の学生たちを念頭において書いたもので、以前出した教科書とはまったくと言ってよいほど違うものとなっています。

　自慢話めくことを恐れますが、ひとつのエピソードを話させてください。立正大学の授業で、学期の終わりに学生がこんな感想を書いてくれたのです。「全員に分からせようという気持ちが伝わる授業だった。」うれしい感想でした。私は授業において折に触れて彼らにこう言います。「授業が分からないとき、それはたいてい君たちが悪いのではなく、教師が悪いのだ」、と。もちろん学生というものは、ときによそごとを考えたり、意識が飛んだり、寝たりするもので、それで分からないのは、学生に責任があります。でも、学生の反応をきちんと見て、その理解度をチェックしながら授業すると、「こんなところでつまずくのか！」という点に気がつかされるのです。こっちはもう40年近く論理学を教えているので、授業でやるようなことはあまりにも慣れきってしまっています。すると、学生たちがどこでつまずくのか分からなくなってきます。立正大学で私は授業中に問題を出して、ときどき学生たちのところをまわって様子を確認し、授業の終わりには問題を解いて提出してもらって、その解答をチェックします。正解率70％ぐらいだと、うーむもうひと押しだな、と呟いて次の授業でもうひと押しします。正直に言って、こんなに学生のことを気にしながら授業をするのは長い教師生活でもはじめてのことです。いや、実のところ、私はわりと独演会型の教師だったのですね。

　本書は二部構成になっています。第Ⅰ部では記号を使わず、日常の言葉の中で論理学の話題を取り上げます。まずここの部分がないと、いきなり

記号を使って論理学を展開しても、何をやっているのか分からないでしょう。また、第Ⅰ部には実用的な面もあるので、ここだけ学習しても得るものはあるはずです。生活や仕事で、もっと論理的になりたいと思っている人たちの力に少しでもなれたら幸いです。

　第Ⅱ部では、第Ⅰ部で学んだことをもとに、記号を駆使した記号論理学の世界を紹介していきます。記号を使い始めると、実のところむしろ話は明確になるのですが、一方でこれはいったい何をしているのか、よく分からなくなってしまいがちです。でも、だいじょうぶ。折に触れて全体の流れを俯瞰して現在位置を確認し、迷子にならないようにします。

　本書を学べば、現代論理学の基本的な体系である述語論理がどのようなものであるかが理解できます。そして、遠くにゲーデルの不完全性定理が見えるところまで、読者を連れて行きましょう。論理学というのはなかなか不思議な学問で、頭の中で考えるだけで広がっていく世界です。その意味では数学にも近いのですが、それが日常の言葉に即して展開されるところが論理学の独特さです。他の学問にはない味わいがあり、大学の授業でも論理学にはまる学生がいたりします。もしかしたらあなたもはまるかもしれません。

　この本では、大学での授業のように、説明したら、次は問題を出してそれを解説して、そのあとにさらに練習問題を出して理解度を確認するという形を基本的にとっています。ときどき差し挟んでいる質疑応答も、本書の特徴でしょう。初心者がつまずきそうなところはいちいち質問と答えの形で手当てしました。こんなに初心者に配慮した論理学の教科書は、私が以前に出したものも含めて、これまでにはなかったと思います。

　最初に述べたように、本書は立正大学での授業をもとに書いたものですが、ほとんどの大学での文系向けの論理学の授業で使えるものになっています。授業で使うときには、許されるならば1学期に第Ⅰ部を15回、2学期に第Ⅱ部を15回でやるのがよいでしょう。立正大学ではそのようにしています。1学期だけでやる場合には、第Ⅰ部だけをやってもよいですし、第Ⅱ部をやりながら、適宜第Ⅰ部の内容を盛り込むというのでもよいでしょう。

　そして、授業の教科書としてではなくこの本を読まれる読者の方々にも、

「これなら分かる」と言ってもらいたい。独習用に練習問題にはすべて解答をつけておきました。どうぞ問題をやることを楽しみながら、最後まで読み通してください。「全員に分からせようとする気持ちが伝わる本だった」という感想が読者から聞けるならば、これ以上の喜びはありません。

2019 年 12 月

野 矢 茂 樹

目　次

論理を扱う記号言語を作り出す

装丁　間村俊一

（イラスト　123RF）

I

日常の言葉に論理が生きている

この本は論理学の中でももっとも基本的な部分を扱います。説明抜きで言葉だけお伝えしておけば、「命題論理」と呼ばれるものと「述語論理」と呼ばれるものです。でも、いまはそんな堅苦しい言い方をして学ぶ気持ちをなくしてほしくはありません。ですから、命題論理だの述語論理だのといった言葉はもっとこの世界に慣れてから使うことにして、いまはたんに「論理学」とだけ言っておきます。命題論理と述語論理だけが論理学ではありませんから、ただ「論理学」とだけ言うと多少不正確になってしまう場合もありますが、実害のない範囲でアバウトにやるというのも、初心者にとってはだいじなことです。(実は論理学の専門家やマニアはそこの加減がよく分からなくて、最初からとにかく厳密にやろうとする傾向があるように思います。その点私は長年論理学を教えてはいますが、論理学の専門家ではないし論理学おたくでもありませんから、よい加減にいいかげんなのです。)

さて、論理学は演繹を扱う学問です。とはいえ、この本はまったくのゼロから論理学をやろうという人のための教科書ですから、ただちに「演繹って何だよう」と質問の手が挙がるのではないでしょうか。もちろん説明します。でも、本当にまったくのゼロから始めるのであれば、もう少し手前から始めさせてください。

1 命題と真偽

「論理学」とは何かを説明するには、「演繹」とは何かを説明しなければなりません。そして「演繹」とは何かを説明するためには、その前にまず「命題」という言葉と「真偽」ということを理解してもらわなければなりません。

次の例文を見てください。

例 1

(1) 東京ディズニーランドは千葉県にある。

(2) タヌキは有袋類である。

(3) 窓を開けてください。

(4) きのう何食べた？

(5) マクドナルドのフィレオフィッシュはおいしい。

　この中で論理学が扱う文と扱わない文があります。それを区別する鍵は「真偽」ということです。

　例えば(1)は事実の通りだから「真」、(2)は事実と違います。有袋類というのは、カンガルーのように雌のお腹に赤ちゃんを入れる袋がある動物のことです。タヌキにはありません。「偽」です。それに対して、(3)は「窓を開けてください」とお願いしているのだから真でも偽でもありません。(4)も質問なので真でも偽でもありません。

　このように、その文が事実を述べようとしたものである場合、それが事実の通りなら「**真**」と言い、事実の通りではないならば「**偽**」と言います。そして、真偽が言える文のことを「**命題**」と呼びます。

　すると(1)と(2)は命題ですが、(3)と(4)は命題ではないということになります。

　注意してほしいのは、命題かどうかにとってポイントは真か偽か言えることで、偽であってもかまわないということです。「エッフェル塔はニューヨークにある」のように偽な文でも、真偽が言えるので命題です。

　(5)はどうでしょう。「マクドナルドのフィレオフィッシュはおいしい。」フィレオフィッシュというのは、白身魚のフライをはさんだフィッシュバーガーで、おいしいという人もいれば、そうかあ？　と首を傾げる人もいる食品かもしれません。「おいしい」というのが個人の感想にすぎないなら、真偽は言えないと考えた方がよさそうですが、客観的においしいとかまずいとか言い切れる場合もないわけではありませんから、絶対に真偽は言えないかどうかは微妙なところです。

　「ベートーベンの交響曲第５番はすばらしい」というのは客観的に真だと言い張る人もいそうです。(私はこれも「フィレオフィッシュはおいし

い」と大差ないと思いますけどね。）ともあれ、こんなふうに真偽が言えるのか言えないのか微妙な文もあります。

　そこで論理学は命題、つまり真偽の言える文を扱います。微妙なケースは扱いが難しいので、ここでは扱いません。

　では、確認のために少し練習してみましょう。（本書には「問題」と「練習問題」があります。問題は本文中に解答が書いてありますが、練習問題の解答は巻末にあります。）

練習問題1　次の文が命題ならば○、命題ではないならば×をつけなさい。
　(1) 品川駅は品川区にある。
　(2) 法隆寺は鉄筋コンクリート造りではない。
　(3) 質問がある人は手を挙げてください。
　(4) フランスの首都はロンドンである。
　(5) 明けましておめでとうございます。
　(6) 駅にはこの道でいいんですか？
　(7) 借金の踏み倒しは犯罪ではない。

　繰り返しておきましょう。

　事実を述べようとしている文が、事実の通りならば真、事実の通りではないならば偽です。そして、真偽が言える文を命題と言います。

　「正誤」とは言わないで「真偽」と言っている点に気をつけてください。「正誤」はあとで「演繹として正しい」とか「演繹として誤り」という言い方で使うことにします。「正誤」と「真偽」を使い分けるのでちょっと注意しておいてください。ここではまず「事実の通りなら真、事実と違うならば偽」と覚えておきましょう。

　一点注意、というか、お願い。私はけっこういいかげんなので、これからの例文や問題で「哲学者は怠け者だ」とか「…は…を愛している」のような真偽がきっぱり言えるかどうか微妙と思われる例も使ったりします。そのときには、「これは命題じゃない」とかあまりうるさいことは言わないで、「この例文ではこの文は真偽がはっきり定まる命題とみなされているのだな」と考えてあげてください。

2　推論と演繹

　一つ以上の主張を根拠として、それをもとに他の主張を結論するとき、それは「**推論**」と呼ばれます。例えば「三段論法」と呼ばれる推論は、二つの主張PとQからRという主張を導くものです。（P、Q、Rと三つの主張が出てくるので「三段」論法と呼ばれるわけです。）

　　P

　　Q

　　それゆえ、R

　このときPとQは推論の「前提」とか「根拠」と呼ばれます。PとQから導かれるRは「帰結」とか「結論」と呼ばれます。「根拠」や「帰結」という言葉を使っても別にかまわないのですが、この本では「前提」と「結論」という言い方をすることにしましょう。

....

質問　どうでもいいことですが、なんで「P」という文字を使うんですか？「A」とか「X」でも別にいいのでしょう？

答え　いや、なんでもかまわないのですが、「命題」は英語で"proposition"なので、命題を表わすときにはなんとなく「P」を使いたくなるのです。

前提となる主張は一つだけの場合もあれば、三段論法のように二つの主張からなる場合や三つ以上の主張からなる場合もあります。いくつか例を挙げてみましょう。

例2

(1) 朝島さんは私の父の姉だ。

　　それゆえ、朝島さんは私の伯母だ。

(2) 稲葉さんは消防士だ。消防士は公務員だ。

　　それゆえ、稲葉さんは公務員だ。

(3) 梅林さんは「だもんで」と言うのが口ぐせだ。「だもんで」は静岡方言である。

　　それゆえ、梅林さんは静岡県出身に違いない。

　一つお断りしておきます。例文で人の名前を使うことがあります。あいうえお順で適当に名前を選んで使わせてもらいますので、悪しからず。誹謗中傷するような例文中では使いませんからご安心を。

　さて、例文を見ましょう。例2(1)の推論で前提は一つ。例2(2)と例2(3)では前提は二つです。しかし、前提の数はたいした問題ではありません。いま問題にしたいのは例2の(1)(2)と(3)の違いです。

　例2(1)と例2(2)では、前提を認めたならば結論も必ず認めねばなりません。朝島さんが私の父の姉だとすれば、朝島さんは私の伯母になります。（叔母ではありません。）また、稲葉さんが消防士であり、消防士が公務員であれば（地方公務員です）、稲葉さんは必ず公務員であり、消防士なのに公務員ではないということはありません。

　それに対して、例2(3)はどうでしょう。梅林さんがすぐに「だもんで」と言うのが口ぐせだとして、確かに「だもんで」は静岡方言ですが、そこから必ず梅林さんは静岡県出身だと言えるでしょうか。「出身」というのはそこで生まれたという意味です。別に静岡県出身じゃなくても静岡県で長く暮らしていたためにその土地の言い回しが身についたということもあるでしょう。あるいは友人に静岡県出身の人がいて、それに影響されたのかもしれません。

例2(1)と例2(2)は、前提が真であると認めたならば、結論も必ず真であると認めねばならない推論です。それに対して例2(3)は、前提が真であると認められれば、結論も真である可能性が高くなりはするでしょうが、前提が真なら結論も必ず真というほど強いつながりはありません。

前提が真であると認めたならば結論も真だと必ず認めねばならない推論を「**演繹**」と言います。それに対して、一応言葉を与えておくならば、「前提が真ならば結論が真である可能性は高くなるが、必ず真になるというわけではない推論」は「推測」と呼ぶことができるでしょう。しかし、この本が扱うのは演繹ですから、「推測」という言葉はもう忘れてしまってかまいません。問題をやってみましょう。

練習問題2　次の推論が演繹として正しいならば○、誤りならば×をつけなさい。

(1) いまや AI は囲碁や将棋の名人よりも強くなった。
　　それゆえ、将来 AI はあらゆる点で人間より優れた知性をもつようになる。

(2) 江島さんは明日誕生日だ。江島さんは現在 19 歳だ。
　　それゆえ、江島さんは明日 20 歳になる。

(3) 論理学者は論理的だ。小田切さんは論理学者だ。
　　それゆえ、小田切さんは論理的だ。

(4) 犯行現場に校長のボタンが落ちていた。校長には動機もある。
　　それゆえ、犯人は校長だ。

....

質問　「誤った演繹」も「演繹」なんですか？　「演繹」と呼べるのは正しい演繹だけじゃないんですか？

答え　そこらへんの言葉遣いはあまり気にしなくてかまいません。でも気になってしまうという人のために一言。演繹の定義は「前提が真であると認めたならば結論も真だと必ず認めねばならない推論」ですから、「誤った演繹」はそもそも演繹ではありません。だから、上の練習問題2は「次の推論が演繹であるならば○、演繹ではないならば×をつけなさい」という問題文でもよかったのです。

　こういう質問する人って、ちょっとうっとうしいですけど、でも、論理学に向いている人じゃないかという感じがします。

質問 「演繹」と「帰納」が対概念のように説明されているのを読んだことがあるのですが、どうなんでしょう。

答え 帰納というのは、個々の事例をもとにそれを一般化する推論のことです。例えば、「いままで飼った猫はお手を覚えなかった。それゆえ猫はお手を覚えないものなのだ」といった推論が帰納と呼ばれるものです。

　そこで、帰納と演繹を対にして、帰納が個別事例からの一般化ですから、演繹のことを「一般的に成り立つことから個別的なことを結論する推論」のように説明しているものを見かけたりします。例えば「ウサギは冬眠しない。それゆえいま飼っているウサギのミミちゃんも冬眠しない」といった推論です。

　確かにこれも演繹ですが、演繹にはこうしたもの以外にもいろいろなタイプがあります。例えば、現在 19 歳の人が明日誕生日をむかえることから、明日 20 歳になると結論することなども、別に一般的なことから個別的なことを結論しているわけではありません。

　ですから、はっきり述べておきますが、演繹を帰納と対になるものに限定するような説明はまちがいです。

....

　ここで一点注意をしておきます。だいじな注意です。

　演繹かどうかは前提から結論を推論する過程にのみ関わります。どういうことかというと、演繹の正しさは前提が正しいかどうかには関わらないのです。次の例を見てください。

例3　タヌキは有袋類だ。有袋類の雌のお腹には袋がある。
　　　　それゆえ、雌のタヌキのお腹には袋がある。

　タヌキは有袋類ではありませんから、例3の前提はまちがっています。それでもこの二つの前提を認めたならば、「雌のタヌキのお腹には袋がある」という結論は認めねばなりません。つまり、例3は演繹なのです。あえて冗長な言い方をすれば、例3は演繹として正しいのです。

　もっとめちゃくちゃを例に出してみましょう。次も演繹としては正しい例です。

例4　ダイコンは魚だ。魚は草原を走る。
　　　　それゆえ、ダイコンは草原を走る。

北海道にキュウリウオって魚がいますけど、ダイコンって魚はいません（と思います）。草原を走る魚もいないでしょう。だから青首を持ち上げて草原を疾走するダイコンもありません。まちがいだらけです。でも、演繹としては正しいのです。

　もう一度演繹の定義を見ましょう。「前提が真であると認めたならば結論も真だと必ず認めねばならない推論」です。この定義には前提が真とは書いてありません。（こういうところに敏感になっていくのが「論理学アタマ」というものです。論理学にはふだんとちょっと違う頭の使い方を強いるところがあります。これからだんだんそういうのが出てきます。お楽しみに。）定義には「前提が真であると認めたならば」とあります。本当に真かどうかは問題ではないのです。もしそれが真だったらどうなるのか、それだけが問題になります。

　もしダイコンが魚だったら、そして魚が草原を走ったら、と考えてください。そうしたら、ほら、ダイコンもどうしたって草原を走るでしょう。前提が真だと認めたならば必ず結論も真と認めなければならない、その関係が成り立っています。つまり、これは正しい演繹なのです。

　多くの場合に、推論が示されるときには前提が真かどうかもだいじなことになります。そこで前提が真だということも重要になる場面を押さえておくために、「論証」という言葉を使うことにしましょう。ここで「論証」とは根拠を挙げて結論を示すことです。結論に説得力をもたせるために、どうしてそう言えるのか、結論となる主張を支持する根拠を挙げます。そのときには、根拠は真でなければお話になりません。根拠が偽だとしたら、そこから結論を導く推論がどれほどもっともらしいものであっても、論証は説得力をもちません。ですから、論証の説得力は根拠が真であることと、根拠から結論への推論が説得力をもつことの二点にかかっています。例2(2)をもう一度見てみましょう。

例2(2)　稲葉さんは消防士だ。消防士は公務員だ。
　　　　それゆえ、稲葉さんは公務員だ。

　これを論証として見たときには、「稲葉さんは消防士だ」と「消防士は

公務員だ」という根拠を挙げて「稲葉さんは公務員だ」と主張しているものとなります。そしてこの論証に説得力があるためには、根拠が真であり、かつ、根拠から結論への推論が説得力をもつ必要があります。稲葉さんが消防士かどうか、消防士が公務員なのかどうかは事実を調べて分かることです。他方、論理は事実に関わりません。もし「稲葉さんは消防士だ」が真で「消防士は公務員だ」も真ならば、「稲葉さんは公務員だ」も必ず真になる。そのことの確認だけが論理の役目です。根拠の真理性がだいじではないなどと言いたいのではなく、「根拠が真かどうかは事実を調べてください、論理はあくまでも推論過程の正しさを問題にします」と、役割分担をするのですね。

　ですから、例3(タヌキの推論)や例4(ダイコンの推論)は根拠が偽なので論証としてはめちゃくちゃですが、演繹としては正しいわけです。

....

質問　「根拠」と「前提」を使い分けてますか？

答え　ああ、これは説明不足でした。論証のときには真でなければ困るというニュアンスをこめて「根拠」と呼びました。それに対して論理は推論だけに関わります。ですから、「前提」という言葉を使って、「もしそれが真であったならば」というニュアンスを出したかったのです。

　でも、気にしないでください。また、いろいろな用語が出てきてめんどくさいと思う必要もありません。ここから先は論理の話だけをしますから、もう「論証」という言葉も「根拠」という言葉も使いません。ただ、「前提が真であると認めたならば結論も真だと必ず認めねばならない推論」という演繹の定義には、前提が本当に真であることまでは求められていないという、そのことを理解しておいてもらえればそれでかまいません。

....

　ところで、私はさきほどものすごく深いというか、論理の核心に触れることをあまりにもさらっと言ってしまいました。「論理は事実に関わりません」、この一言です。

　説明はさっき述べた通りなのですが、もう少し強調したいので繰り返させてください。論理は、この前提からこの結論はちゃんと出てくるのだろうかということにのみ関わります。その前提が本当に事実の通りなのかどうかは自分で確かめるか本を読んで調べるか信頼できる人に聞くかしてくださいというわけです。つまり、タヌキが有袋類なのかどうか、消防士が

公務員なのかどうか、そんなことは知らなくても、演繹として正しいかどうかはチェックできるのです。部屋にいて、事実調査は人にまかせて、ただもっぱら推理だけをする探偵を「アームチェア・ディテクティブ(安楽椅子探偵)」なんて言ったりしますが、論理学は事実調査をする助手さえ必要としませんから、究極の安楽椅子学問です。無知でも頭がよければ論理学者になれると言ったら言い過ぎでしょうか。でも、そんな感じです。

では、ちょっと練習してみましょう。

練習問題3 次の推論が演繹として正しいならば○、誤りならば×をつけなさい。

(1) スカイツリーはパリにある。パリはイギリスにある。
それゆえ、スカイツリーはイギリスにある。

(2) 哲学者はみんな怠け者だ。蒲田さんは哲学者だ。
それゆえ、蒲田さんは怠け者だ。

(3) 中華料理にはニンニクは使わない。肉じゃがは中華料理だ。
それゆえ、肉じゃがにはニンニクは使わない。

覚えてほしい用語

演繹：前提が真であると認めたならば結論も真だと必ず認めねばならない推論

---

3 否 定

論理学の「**否定**」は日常の言葉で言われる「否定」とちょっと違うところがあるので注意が必要です。でも、あまりそのことに立ち入って検討し

始めるとかえって筋道が見えなくなりかねませんので、とりあえずはさりげなく始めることにしましょう。

　ある命題を否定するとは、その命題が偽だと主張すること、つまり、「その命題は事実と違う」と主張することです。例えば「タヌキは有袋類だ」を否定すると「タヌキは有袋類ではない」になりますが、これは「タヌキは有袋類だ」が事実と違う、偽な命題だと主張しているわけです。

3-1　二重否定

　では、「ペンギンは鳥ではない」を否定するとどうなるでしょう。否定形の命題をもう一回否定するのです。そのまま書けば「ペンギンは鳥ではないではない」になります。変てこな日本語ですが、「ペンギンは鳥ではない」が偽、つまり事実と違うというのですから、「ペンギンは鳥だ」に等しいと考えてよいでしょう。このように、否定を二回繰り返すと肯定になります。

　こういうことを一般的に表わすとき、任意の命題を入れてよいものとしてP、Q、Rというアルファベットを使うことにします。（先に述べたように“P”は「命題」を意味する英語“proposition”の頭文字です。）そして、「PではないではないはPに等しい」のように書きます。とはいえ、「Pではないではない」というのはなんだか気持ちの悪い日本語ですし、かえって分かりにくい感じがしますので、命題Pの否定を「not P」と書くことにしましょう。そうすると、「not(not P)はPに等しい」と書けます。「not not P」と書いてもかまいませんが、見やすいように括弧を使って「not(not P)」と書きました。

　二回否定を繰り返すことを「**二重否定**」と言います。そして「二重否定not(not P)はPに等しい」という関係を論理学では「**二重否定則**」と呼びます。

　とはいえ、「等しい」という言葉がまだちょっとはっきりしません。どういう意味で「等しい」と言われるのか、きちんと押さえておきたいところです。そこで、「**同値**」という用語を導入しましょう。Pが真の場合にQも必ず真であり、Pが偽の場合にQも必ず偽であるとき、PとQは同

値であると言います。そして「P≡Q」と書きます。

....

質問　「≡」は等号「＝」とは違うんですか？　棒が一本増えてますけど。

答え　そうですね。このあともときどき等号「＝」を使うことがありますが、それは漠然と「等しい」という意味で使っています。それに対していま「Pが真の場合にQも必ず真であり、Pが偽の場合にQも必ず偽であるとき、P≡Q」とされた同値は論理学できちんと定義されたものです。

　だから、「≡」はちゃんと定義された言葉、「＝」はたんに日本語の「等しい」の略記だと思っていてください。

　ただし、論理学はあとで正式に等号「＝」を定義して導入します。そこまで進むと、「＝」は「≡」とは異なる意味をもつものとして論理学の中に登場することになります。でも、この本ではそこまではやりませんから、等号「＝」が出てきたら多少漠然と「等しい」という意味で理解しておいてください。

....

　さて、二重否定則に戻りましょう。二重否定則は同値の記号「≡」を使って書くことができます。not(not P)が真のときPは必ず真になりますし、not(not P)が偽のときPは必ず偽になりますから、not(not P)とPは同値です。これが、論理学が「二重否定則」と呼ぶものです。

二重否定則　　not(not P)≡P

　もう一度注意しておけば、Pのところには任意の命題が入ります。例えばPに「消防士は公務員だ」を入れると、「「消防士は公務員ではないではない」は「消防士は公務員だ」と同値である」となります。ちょっと慣れてくると記号を使った方がすっきりして頭に入りやすいと感じるようになるのではないでしょうか。

3-2　矛盾と排中律

　否定に関連して「**矛盾**」という言葉も導入しておきましょう。「矛盾」という言葉自体はふつうに使うのでなじみがあるでしょうが、論理学では

より限定された意味でこの言葉を使います。日常の言葉では、例えば金持ちほどたくさんお金を稼げるのに貧乏な人はすごく働いてもそこそこしか稼げないといったことを「社会の矛盾」と言ったりします。それに対して論理学では、「矛盾」は「P と not P を両方同時に主張すること」と明確に定義されます。例を挙げましょう。

例5　木南さんは大学生であり、かつ、大学生ではない。

　これは「木南さんは大学生だ」という肯定の命題と「木南さんは大学生ではない」というその否定の命題が同時に言われているので、矛盾です。一般に「P かつ not P」という形の命題が矛盾です。矛盾は必ず偽になります。

　もう一つ、否定に関して「**排中律**」も知っておいてください。排中律というのは「P または not P」という形の命題です。

例6　栗山さんには盲腸があるか盲腸がないかどちらかだ。

　P か not P のどちらかであって、肯定とも否定とも言えない場合はないというわけで、中間の場合を排除します。その意味で「P または not P」は「排中律」と呼ばれます。

　論理学、――いま私たちがやろうとしている論理学――では排中律は必ず成り立ちます。つまり、排中律は必ず真になります。(なんだか奥歯にものの挟まった言い方ですいません。実は排中律が成立しないような論理を扱う論理学もあるのです。でも、この本ではそういう論理学には踏み込みません。)

　「栗山さんには盲腸がある」という命題が真かどうかは調べてみなければ分かりません。しかし、「栗山さんには盲腸があるか盲腸がないかどちらかだ」という命題は調べなくとも真だと分かります。そりゃあ、あるかないか、どちらかでしょう。

　ちょっとくどいですが、もう一例挙げておきます。

例7　剣持さんが今日買った宝くじは7億円当たるか7億円当たらないか
　　　どちらかだ。

　「剣持さんが今日買った宝くじは7億円当たる」と予想したならば、多
くの場合にその予想は外れてしまうでしょうが、「剣持さんが今日買った
宝くじは7億円当たるか7億円当たらないかどちらかだ」という予想で
あれば、絶対外れっこありません。

3-3　否定と反対

　否定で難しいのは「否定」と「反対」を区別することです。
　例えば「ヤクルトが阪神に勝った」という命題の否定を考えてみましょ
う。うかつな人は「「勝った」の否定は「負けた」でしょう」と考えて、
「ヤクルトが阪神に負けた」と答えてしまうかもしれません。ええと、説
明の必要はないかもしれませんが、「ヤクルト」と「阪神」というのは野
球チームの「東京ヤクルトスワローズ」と「阪神タイガース」です。私自
身は野球にあまり詳しくないのですが、調べてみたら日本のプロ野球には
引き分けがあるのですね。だから、「ヤクルトは阪神に勝ったか負けたか
どちらかだ」という命題は引き分けの場合には偽になります。
　ということは、「ヤクルトは阪神に勝ったか負けたかどちらかだ」は
「P または not P」という排中律の形にはなっていません。つまり、「ヤク
ルトは阪神に勝った」を P とすると、その否定 not P は「ヤクルトは阪神
に負けた」ではないわけです。
　排中律「P または not P」は P にどんな命題を入れても必ず真になりま
す。そのためには、not P は P が偽になるすべての場合を含んでいてくれ
なくてはいけません。P が真になるか、さもなければ not P が真になるか、
必ずどちらかが真になるので、「P または not P」も真になるのです。
　ですから、「ヤクルトは阪神に勝った」の否定はちゃんと「ヤクルトは
阪神に勝たなかった」にしなければなりません。ヤクルトが阪神に負けた
場合も「ヤクルトは阪神に勝った」は偽になりますが、でもそれは「ヤク
ルトは阪神に勝った」が偽になるすべての場合ではないわけです。「ヤク

ルトは阪神に勝った」の否定「ヤクルトは阪神に勝たなかった」は「ヤクルトは阪神に負けた」と「ヤクルトは阪神と引き分けた」という二つの場合を含んでいます。

図に表わしてみるとこんな感じです。

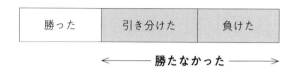

そこで、「勝った」に対して「負けた」を否定と区別して「反対」と呼ぶことにしましょう。「勝った」の否定は「負けた」だと思ってしまうかもしれません。でも「負けた」は「勝った」の反対ではありますが否定ではありません。「勝った」の否定は「勝たなかった」で、それは「引き分けたか、または負けたか、どちらかだ」と同じことです。

別の例を問題の形で考えてみましょう。

問題1 「紺野さんは佐竹さんを好きだ」の否定が「紺野さんは佐竹さんを嫌いだ」ではない理由を説明しなさい。

世の中「好き」か「嫌い」かできっぱり分かれるものではありません。「好きでも嫌いでもない」という場合があります。命題Pの否定はPが偽になるすべての場合を含んでいなければいけませんから、「嫌い」だけでは「好き」の否定にはならないのです。問題1には次のように答えておきましょう。

問題1の解答 「紺野さんは佐竹さんを好きだ」が偽になるのは「紺野さんは佐竹さんを嫌いだ」という場合だけではなく、「紺野さんは佐竹さんを好きでも嫌いでもない」という場合を含むから。

しかしこの問題はまだここから悩ましいことがあります。じゃあ「紺野さんは佐竹さんを好きだ」の否定はどう言えばよいのでしょうか。

「紺野さんは佐竹さんを好きではない」じゃだめなの？——そんなふう
に尋ね返されそうです。でも、「好きではない」ってどっちかというと
「嫌い」というニュアンスが強くないですか？　もし誰かに「私はあなた
のことが好きではありません」と言われたら、嫌われてるんだなと思いま
せんか？

　どうもここらへんが日常の言葉遣いの難しいところです。「好き‐嫌い」
のように反対の概念がはっきり立てられる場合には、一方に対して単純に
「ではない」をつけるとむしろ反対の概念の方に近づく感じがします。「好
きではない」と言われると嫌いのニュアンスが出てきますし、「嫌いじゃ
ない」と言われるとちょっと好きなのかなと思ったりします。

　そういうわけで、「紺野さんは佐竹さんを好きだ」の否定は「紺野さん
は佐竹さんを好きということはない」のように、いささかわざとらしい不
自然な言い方をしなければならないようです。

　このあたり、論理学がやがて日常の言葉から離れていこうとする動機の
一端を見ることができます。そうですね、そろそろその話をしておいた方
がいいかもしれません。

　でも、その前に問題1と同様の問題を一つやっておきましょう。

練習問題4　「白須さんは正直だ」の否定が「白須さんは嘘つきだ」では
ない理由を説明しなさい。

覚えてほしい用語

P≡Q：命題Pが真の場合に命題Qも必ず真になり、命題Pが偽の場
　　　合に命題Qも必ず偽になるとき、「PとQは同値である」と
　　　言い、「P≡Q」と書く

命題Pの否定：命題Pが偽であるすべての場合を主張する命題

二重否定：ある命題を二回繰り返し否定すること

矛盾：Pかつ not P

排中律：P または not P

4　私たちはこれからどこに行こうとしているのか

　ちょっとここいらで私たちのこれからの話をしておきましょう。

　第Ⅱ部で記号論理学を学んでいきます。記号論理学は厳密に演繹を扱うための人工的な言語を作ろうとします。そのように人工的に作られた言語は「**人工言語**」と呼ばれたりします。それに対して、私たちがふつうに使っている言葉は「**自然言語**」と呼ばれます。

　記号論理学が作る人工言語は、あくまでも自然言語を元にして、それをより厳密にしようとしたものですから、第Ⅱ部で記号論理学を学ぶ前に、まず第Ⅰ部で私たちの使い慣れた自然言語(この本の場合には日本語)において、論理学が取り上げる事柄を見ておこうというわけです。

　それは、記号論理学を学ぶ前の下準備という意味もありますが、それだけではなく、記号論理学という学問はその養分のすべてを自然言語という大地から吸収していますから、記号論理学をその大地にしっかりと根づかせるための作業なのです。

　この本が扱う論理学は「命題論理」と「述語論理」と呼ばれるものです。述語論理はその一部分として命題論理を含んでいますから、つまるところ私たちはこれから述語論理という論理学を学ぼうとしているのだと言ってよいでしょう。

　そしてそれは、いま述べたように演繹を厳密に扱うための人工言語を作る試みです。ところがこの述語論理という人工言語、登場する語彙はたった6個にすぎません。中学生が覚えるべきとされる英単語の数は1200個であるなんて数字を見たことがありますが、それに比べたら、いや別に比べなくたって、たった6個なのです。たった6個の語彙からなる言語って、なにそれ、と思われるかもしれません。でも、これで標準的な演繹はカバーできるのです。

ではその語彙はどのようなものか。まず命題論理が扱う語彙は4個、一つは第3章で見た否定です。そしてあとの3個は「かつ」と「または」と「ならば」。この4個の言葉によって成り立つ演繹をすべて取り扱おうというのが、命題論理です。述語論理はそれらの言葉に、さらに「すべて」と「ある(存在する)」という2個を加えます。計6個。

　「ではない」「かつ」「または」「ならば」「すべて」「ある」、これが私たちがこれから見ていこうとする人工言語の全ボキャブラリーなのです。これだけなのに、それがどれほどすごい表現力をもつかは、やがて分かってもらえると思います。

....

質問　6個だけの語彙からなる言語って言うけど、いままでだって、「勝った」「負けた」「好き」「嫌い」みたいな言葉がポンポン出てきてたじゃないですか。「ではない」「かつ」「または」「ならば」「すべて」「ある」だけだったら文も作れないでしょう。

答え　そこはもっと説明が必要でした。しかしその説明は第II部で記号論理学をやり始めてからの方がいいでしょう。ここでは応急処置的な説明で済ませておきます。

　例えば排中律を思い出してください。「栗山さんには盲腸があるか盲腸がないかどちらかだ」、これは必ず真になる命題です。そして確かにこの文の中には「盲腸」なんて語が出てきます。でも、この文が必ず真になる仕掛けはこれが「PまたはnotP」という形をもっているからです。具体例を示すときには、命題Pとして「栗山さんには盲腸がある」とか「剣持さんが今日買った宝くじは7億円当たる」といった文を代入していますが、「PまたはnotP」という形をもちさえすれば、Pに入る命題は何でもかまいません。

　つまり、排中律を成り立たせているのは「PまたはnotP」という形式であり、その形式を作っているのは「または」と「ではない」という二つの言葉なのです。自然言語に例をとりながら論理を見ていこうとすると、自然言語のさまざまな言葉を使うことになりますが、そこから論理に関わるものとして取り出されてくるのは「ではない」「かつ」「または」「ならば」「すべて」「ある」の6個だけ。そういうわけなのです。

....

　行く先を眺めやるのはこのくらいにして、また進み始めましょう。否定は見ましたから、「かつ」「または」「ならば」を見ていきます。そしてそれらの言葉が関わる演繹を自然言語の場面で見たあとは、「すべて」と「ある(存在する)」を加えて見ていくことになります。がんばりましょう。

5 連言と選言とド・モルガンの法則

5-1 連言と選言

　命題Pと命題Qがどちらも真であることを主張する命題をPとQの「**連言**」と言います。聞きなれない言葉でしょうが、PとQを「連ねて言う」わけだなと覚えてください。

　連言を表現する言葉としては「PかつQ」があります。「PそしてQ」でもいいのですが、「PそしてQ」にはPもQも真というだけではなく、Pの次にQという順序のニュアンスが出てくることがあります。例えば「空が光った。そして雷鳴がとどろいた」は、稲光のあとに雷が鳴ったという順序を示しています。でも、連言というのは順序はどうでもよくて、たんにPもQもどちらも真とだけ言いたいのです。ですから、「そして」よりは「かつ」の方が連言にふさわしいでしょう。

　命題Pと命題Qの少なくともどちらか一方が真であることを主張する命題をPとQの「**選言**」と言います。PかQか「選んで言う」という感じです。選言を表現する代表的な言い方は「PまたはQ」です。

　ただし、「PまたはQ」という言い方は多少曖昧です。PかQかどちらかは真なのだなということは伝わるのですが、両方とも真でもよいのか、両方とも真ではだめなのかがはっきりしません。「命題Pと命題Qの少なくともどちらか一方が真」という言い方をしたのは「少なくとも」という言葉で「両方でもよい」という含みをもたせたかったからです。このような「両方でもよい」とする選言を「**両立的選言**」と言い、「両方はダメ」とする選言を「**排反的選言**」と言います。例えば「昼には天丼かカツ丼を食べる」と言っていた人が、今日は猛烈に腹が空いてるので両方食べるぞと言っても別に嘘をついたことにならないのであれば、「昼には少なくとも天丼かカツ丼のどちらかを食べる。ことと次第によっては両方食べる」

という意味で、両立的選言ですが、「どっちかは食べるが両方は食べない」というのであれば排反的選言です。

　これについては第II部でまた見ることになりますから、ここではあっさり済ませておきましょう。私たちが取り上げる選言は両立的選言です。以下、「PまたはQ」のように言うときには、PとQ両方とも真でもかまわないものと理解してください。

　日常の言葉で連言や選言を言い表わすときには、「かつ」や「または」以外の形で言われることもふつうにあります。でも、その論理を見てとろうとするときには愚直に「PかつQ」や「PまたはQ」の形で捉えておいた方が分かりやすくなります。ここでPやQは命題ですから、ちゃんと主語と述語をもった二つの文を「かつ」や「または」でつないでいるものとして捉えるのです。ちょっとやってみましょう。

問題2　次の文を「□□□、かつ、□□□」という形か「□□□、または、□□□」の形に書き換えなさい。（空欄には主語と述語をもった命題を入れること。）
　(1) 住吉さんはラーメンとチャーハンを食べた。
　(2) 市立図書館か県立図書館のどちらかは休みだ。

　きちんと主語と述語をもった二つの命題を「かつ」か「または」でつなぐ形で答えてください。

問題2の解答
　(1) 住吉さんはラーメンを食べた、かつ、住吉さんはチャーハンを食べた。
　(2) 市立図書館は休みだ、または、県立図書館は休みだ。

　「住吉さんはラーメンを食べた、かつ、住吉さんはチャーハンも食べた」と、「チャーハンも」にしたくなった人もいると思います。それでも正解ですし、むしろその方が自然でしょうが、「住吉さんはラーメンを食べた」と「住吉さんはチャーハンを食べた」という二つの命題を「かつ」でつないだものであることを見てとることがポイントですから、あまり気をきか

せないで、愚直に答えてください。

練習問題5 次の文を「□□□□、かつ、□□□□」という形か「□□□□、または、□□□□」の形に書き換えなさい。(空欄には主語と述語をもった命題を入れること。)

(1) ベガもシリウスも恒星だ。

(2) イルカもクジラも魚ではない。

(3) 瀬戸さんは犬か猫を飼っている。

5-2 連言の否定は否定の選言・選言の否定は否定の連言

連言と選言に否定を組み合わせてみましょう。

まだ何も説明していないので問題を出されても戸惑うかもしれませんが、問題を考えながら説明していきます。

問題3 命題Pの否定と同値な命題を①②から選びなさい。

P：住吉さんはラーメンとチャーハンを食べた。

① 住吉さんはラーメンもチャーハンも食べなかった。

② 住吉さんはラーメンかチャーハンの少なくともどちらかは食べなかった。

命題P「住吉さんはラーメンとチャーハンを食べた」が偽になるのはどんな場合でしょう。ラーメンもチャーハンもどちらも食べなかったのであれば、確かにPは偽になります。だけど、Pが偽になるのはその場合だけではありません。Pは「両方食べた」と言っているのですから、ラーメンは食べたけれどチャーハンは食べなかったとか、チャーハンは食べたけれどラーメンは食べなかったという場合も、Pは偽になります。これを表わしているのは②です。「ラーメンかチャーハンの少なくともどちらかは食べなかった」という言い方は両方食べなかった場合も含むことに注意してください。

問題3の解答　②

　これを一般的に連言・選言・否定の関係として捉えるために、「かつ」と「または」を使って愚直に書いてみましょう。

　命題Pは次のように書けます。

　　P：住吉さんはラーメンを食べた、かつ、住吉さんはチャーハンを食べた。

　これを否定するとこうなります。

　　not P：住吉さんはラーメンを食べなかった、または、住吉さんはチャーハンを食べなかった。

　ここで、「または」は両立的選言です。つまり、「PかQか少なくともどちらかが真であり、両方真の場合も含む」という意味の「PまたはQ」です。

　これを一般的に表わすとこうなります。

　　not(P かつ Q) ≡ not P または not Q

　「≡」という記号、覚えているでしょうか？　命題Pが真であることと命題Qが真であることが必ず連動するとき「PとQは同値である」と言い、「P≡Q」と書きます。いまは、「not(P かつ Q)」が真であることは「not P または not Q」が真であることに等しいというわけです。

　でも、「not(P かつ Q) ≡ not P または not Q」なんて書かれると分かりにくく感じてしまうかもしれません。そのときは、Pをラーメン、Qをチャーハンだと思って、「ラーメンとチャーハン両方ではないというわけだから、ラーメンかチャーハンの少なくともどっちかは食べなかったってことだな」と、納得してください。

　「not(P かつ Q) ≡ not P または not Q」という関係を「**ド・モルガンの法**

則」と言います。ド・モルガンというのはイギリスの数学者オーガスタス・ド・モルガン(1806-1871)で、この人が研究した法則なのでこう呼ばれています。

　連言についてだけでなく、選言についても同じような法則が成り立ち、そちらも「ド・モルガンの法則」と呼ばれます。

問題4　命題Pの否定と同値な命題を①②から選びなさい。
　P：瀬戸さんは犬か猫を飼っている。
　① 瀬戸さんは犬も猫も飼っていない。
　② 瀬戸さんは犬か猫の少なくともどちらかは飼っていない。

　瀬戸さんが犬を飼っているか猫を飼っているかに関して、次の4通りの場合が考えられます。

〈瀬戸さんの犬猫事情〉
　（イ）犬も猫も飼っている。
　（ロ）犬は飼っているが猫は飼っていない。
　（ハ）犬は飼っていないが猫は飼っている。
　（ニ）犬も猫も飼っていない。

　このうち命題P「瀬戸さんは犬か猫を飼っている」が真になるのは（イ）（ロ）（ハ）の場合です。（くどいですが、両立的選言なので（イ）も含みます。）とすると、命題Pの否定 not P が真になるのは、Pが偽になる場合のすべてですから、（ニ）の場合です。つまり、答えは①。

問題4の解答　①

　これも一般的に連言・選言・否定の関係として捉えるために、「かつ」と「または」を使って愚直に書いてみましょう。
　命題Pは次のように書けます。

P：瀬戸さんは犬を飼っている、または、瀬戸さんは猫を飼っている。

これを否定するとこうなります。

not P：瀬戸さんは犬を飼っていない、かつ、瀬戸さんは猫を飼っていない。

一般的に表わすとこうなります。

$$not(P または Q) \equiv not P かつ not Q$$

　さっきのと合わせて「**連言と選言のド・モルガンの法則**」と言います。「連言と選言の」とついているのは、実はこのあとに「すべて」と「ある（存在する）」についてもド・モルガンの法則と呼ばれる法則があるからです。あとに出てくるそれは「全称と存在のド・モルガンの法則」と言います。いや、でもまだそんなことは気にしなくてけっこうです。いまは連言と選言のド・モルガンの法則に集中しましょう。

　慣れれば当然そうだよなあと思える法則なのですが、まったくはじめての人にとってはごちゃごちゃするところかもしれません。少し練習してみましょう。

練習問題6　命題 P の否定と同値な命題を①②から選びなさい。
　P：今日は市立図書館か県立図書館のどちらかは休館だ。
　①　今日は市立図書館も県立図書館も休館ではない。
　②　今日は市立図書館か県立図書館のどちらかは休館ではない。

練習問題7　命題 P の否定と同値な命題を①②から選びなさい。
　P：東京ディズニーランドも東京ドイツ村も東京にはない。
　①　東京ディズニーランドも東京ドイツ村もどちらも東京にある。
　②　東京ディズニーランドか東京ドイツ村のどちらかは東京にある。

練習問題 8　命題 P の否定をド・モルガンの法則を使って書き換えなさい。（主語と述語をもった二つの命題を「かつ」か「または」でつなぐ形で書くこと。）

(1) P：相馬さんはゴルフをしない、かつ、相馬さんは野球をする。

(2) P：田所さんは菜食主義だ、または、田所さんは肉が好きではない。

(3) P：熱海も湯河原も静岡県だ。

(4) P：火星か木星には生命体がいる。

覚えてほしい用語

連言：P も Q も両方とも真。「P かつ Q」が代表的な連言の表現

選言：P か Q の少なくとも一方が真（両方真でもよい）。「P または Q」
　　　が代表的な選言の表現

連言と選言のド・モルガンの法則もまとめておきましょう。

連言と選言のド・モルガンの法則

(1) not（P かつ Q）≡（not P）または（not Q）

(2) not（P または Q）≡（not P）かつ（not Q）

6　消去法

連言・選言と否定を用いた演繹を一つ取り上げてみましょう。次の例文を見てください。

例8 犯人は千代田か常木だ。千代田はアリバイがあるから犯人ではない。それゆえ、犯人は常木だ。

例8が演繹として正しい推論であることは分かりやすいのではないでしょうか。演繹というのは、前提を真だと認めたならば結論も真だと認めねばならない推論のことでした。いま「犯人は千代田か常木だ。千代田はアリバイがあるから、犯人ではない」ということが真であると認めるならば、犯人は残る常木しかいません。つまり、前提が真だと認めたならば、結論も真だと認めねばなりません。

ここで使われている演繹の形は「**消去法**」です。（選言を用いた三段論法なので「選言的三段論法」などという言い方もされますが、「消去法」の方がなじみのある言い方でよいでしょう。）

消去法は、「PまたはQ」とnot Pという前提からQを結論するタイプのものと、「PまたはQ」とnot Qという前提からPを結論するタイプのものがあります。また、「PまたはQまたはR」という三つの選択肢をもつ前提と「(not P)かつ(not Q)」からRを結論するような消去法も考えられます。選択肢の数は三つでも四つでも、いくつでもかまいません。可能な選択肢を列挙した上で、偽なものを消していって、最後に一つ残ったものが真な命題として結論される。これが一般的な消去法の形です。

練習問題9 ①と②から消去法を用いて結論できる命題を述べなさい。
① 寺尾さんは剣道部か弓道部に所属している。
② 弓道部には寺尾さんはいない。

消去法の使い方で、一点注意しなければいけないことがあります。次の問題を考えてみてください。

問題5 次の推論がどうして誤りなのかを説明しなさい。
お昼を喜楽で食べるなら絶対かた焼きそばだし、上海亭だったらやっぱりタンタン麺だ。それゆえ、お昼にかた焼きそばを食べないならタンタン麺を食べるというわけさ。

「PまたはQ」がすべての選択肢を尽くしているかどうかに注意してください。もし、PとQ以外にもRという選択肢があるのであれば、PでないからといってただちにQと決めつけることはできません。消去法で演繹するときには、前提となる選択肢がすべての場合を尽くしていることを確認しなければならないのです。

問題5でも、お昼を喜楽か上海亭以外で食べるかもしれません。ですから、かた焼きそばじゃなければタンタン麺だなどと結論するのは早とちりというものです。カレー屋に行ってカツカレーかもしれません。

練習問題10　次の推論がどうして誤りなのかを説明しなさい。
　戸田さんがぼくのことを好きならチョコレートをもらえるけど、ぼくのことを嫌いならチョコレートはもらえない。
　それゆえ、戸田さんがぼくのことを好きじゃなければ、ぼくは戸田さんからチョコレートをもらうことはできないんだ。

消去法	
PまたはQ	PまたはQ
not P	not Q
それゆえ、Q	それゆえ、P

7　条件法と逆・裏・対偶

7-1　「ならば」の意味

　私たちがやろうとしている論理学は命題論理と述語論理です。命題論理が扱う言葉として、否定「ではない」、連言「かつ」、選言「または」を見

てきました。命題論理が扱う言葉の最後が「ならば」です。論理学では
「**条件法**」と呼ばれます。

　論理学の「ならば」ももちろん日常の言葉である「ならば」を元に考え
られているものですが、実は論理学の「ならば」と日常の言葉の「なら
ば」の間には微妙なというか大きなというか、ともかく違いがあります。
論理学が扱う「ならば」は命題と命題をつなぐ言葉で、「PならばQ」は
「Pが真であるときにはQもつねに真である」と主張するものです。これ
が日常の言葉の「ならば」とどう違うのかといったことは第Ⅱ部で条件法
をきちんと定義するときに少し見ることにします。いまは「Pが真のとき
にはQもつねに真」ということを念頭におきながら、日常の言葉に即し
て「ならば」の論理を見ていきましょう。

　いくつか条件法の例文を挙げておきます。

例9
　(1) 締切時刻を過ぎたならば、卒業論文は受理されない。
　(2) 低気圧が近づくと長瀬さんは頭痛になる。

　(1)の場合、もし締切時刻を過ぎているのにそれでも卒業論文を受理し
てもらえたならば、この命題は偽になります。でも、ちょっと注意してほ
しいのは、締切時刻を過ぎていなくとも、受理してもらえない可能性はあ
るということです。例えば、指定された形式に従っていない場合、締切前
であっても受理してもらえないかもしれません。(1)が言っているのは、
ともかく締切時刻を過ぎたらアウト、ということです。こうしたことは、
すぐ次の「逆・裏・対偶」のところでもっと詳しく見ます。

　(2)は「ならば」を使っていません。でも、「低気圧が近づいている」が
真のときはつねに「長瀬さんは頭痛になる」も真だと主張しているのです
から、意味は条件法です。「ならば」だけが条件法を表わす日常の言葉と
いうわけではありません。

　例9(1)(2)のような条件法は、締切時刻を過ぎても受理されたり、低気
圧が近づいても長瀬さんが頭痛にならなかった場合には、偽になりますが、
論理的に必ず成り立つ条件法もあります。

例10

  (1) 870円のものを買って1000円出したならば、おつりは130円だ。
  (2) 二宮さんか沼田さんのどちらかは部屋にいて、いま二宮さんは部屋
    にいないのであれば、部屋には沼田さんがいる。

　(1)も(2)も、偽になる可能性はありません。必ず真になる条件法です。
(2)は先ほどやった消去法を一つの命題にまとめたものです。演繹は、前
提が真のときには結論も必ず真になる推論でした。条件法は「Pが真のと
きにはつねにQも真」と主張するものです。似た形をしているでしょ
う？　ですから、演繹と条件法とは密接な関係があるのです。でも、いま
はなんとなく演繹と条件法には関係がありそうだと思っていてくれればそ
れでいいです。詳しくは第Ⅱ部でお話ししましょう。

問題6　(1)〜(3)から条件法の命題を選びなさい。
  (1) カモノハシは哺乳類なのに、卵生である。
  (2) 上海亭と来々軒がともに休みということがないならば、今日は上海
    亭か来々軒のどちらかは開店している。
  (3) 猫にタマネギを食べさせると貧血を起こす。

　(2)は「ならば」でつながれていますから、条件法であることは見てと
りやすいでしょう。上海亭と来々軒がともに休みということがないのであ
れば、どちらかは開店しているということで、これはド・モルガンの法則
です。(3)は「猫にタマネギを食べさせる」が真であれば、「その猫が貧血
を起こす」ということもつねに真になると主張するもので、これも条件法
です。なお、これは事実だそうですから、気をつけましょう。
　注意すべきは(1)です。「カモノハシは哺乳類なのに、卵生である」とい
うのは「カモノハシは哺乳類である。しかし、卵生である」という意味で、
条件法ではありません。「PならばQ」という条件法は「Pが真であると
したら」という仮定のもとでQを導くものです。それに対して(1)の「カ
モノハシは哺乳類なのに」という部分は仮定ではなく、「カモノハシは哺
乳類である」と主張しています。

問題 6 の解答　(2)(3)

練習問題 11　(1)〜(3)から条件法の命題を選びなさい。

(1) クジラは胎生なので、ヘソがある。

(2) 根本さんは試験が近づかないと、勉強しない。

(3) うるう年ではない場合には、その年の元日と大晦日は同じ曜日になる。

7-2 「P ならば Q」の逆・裏・対偶

「ならば」の論理でだいじなのは逆・裏・対偶ということです。

「P ならば Q」という命題を A としましょう。この命題に対して、「A の逆」「A の裏」「A の対偶」と呼ばれる命題がそれぞれ次のように定義されます。

A 　…………　P ならば Q

A の逆 　……　Q ならば P

A の裏 　……　not P ならば not Q

A の対偶 　…　not Q ならば not P

例 11

A …………　月曜日が祝日ならば博物館は火曜日に休館する。

A の逆……　博物館が火曜日に休館するならば月曜日は祝日だ。

A の裏……　月曜日が祝日ではないならば博物館は火曜日に休館しない。

A の対偶…　博物館が火曜日に休館しないならば月曜日は祝日ではない。

....

質問　なんでこんなめんどくさいこと覚えなくちゃいけないんですか？　これ、だいじなんですか？

答え　すごくだいじです。ええと、それじゃ、次の問題をやってみましょう。逆・裏・対偶をきちんとしなかったために起こった実話です。

問題 7　下線部の推論がなぜ誤りであるかを説明しなさい。

　2007 年 11 月 11 日に、印象的な記事が『ニューヨーク・タイムズ』に出ました。脳研究者と調査会社の連名で、2008 年の米国大統領選挙に向けた各党の候補者の顔写真を、20 名の有権者に見せて、その脳活動を測定した結果が報告されていました。一部を紹介すると次のような内容です。

> 　民主党のヒラリー・クリントン候補の顔写真を見ているときは有権者の帯状回（たいじょうかい）が活動した。この脳領域はヒトが葛藤を感じているときに活動する領域である。したがって有権者はヒラリー・クリントンに投票しようかどうか迷っている。共和党のミット・ロムニー候補の顔写真を見ているときは扁桃体（へんとうたい）が活動した。この脳領域はヒトが不安を感じているときに活動する領域であるから、有権者はこの候補に対して不安感を抱いている。民主党のジョン・エドワーズ候補の顔写真を見ているときは、ヒトが嫌悪感を感じているときに活動する島皮質（とうひしつ）が活動した。ジョン・エドワーズは困難な選挙戦を強いられるだろう。

　　　　　　（坂井克之『心の脳科学』、2008 年、中公新書、251-252 ページ）

　しょうもないことをやるもんだなと思いますが、有権者を MRI の中につっこんで大統領候補の顔写真を見せて脳の活動状態を調べてみたんでしょうね。「帯状回」とか「扁桃体」とか「島皮質」というのは脳の部分の名前です。著者の坂井さんはこれに続けて「この記事のどこが問題なのか、おわかりですね」と述べています。そして、この記事が出たすぐあとに研究者たちから反論記事が出されたとのことです。さて、どこがおかしいか、おわかりですか？

　下線部の推論を整理して取り出してみましょう。

　ミット・ロムニーの顔写真を見ているときに扁桃体が活動した。……①
　不安を感じているとき扁桃体は活動する。……②
　それゆえ、ミット・ロムニーに対して不安を感じている。……③

顔に対する不安がただちに大統領候補としての不安につながるわけでも
ないでしょうから、そこがおかしいと感じた人もいるでしょう。しかし、
この推論のまちがいはもっと大きなものです。次のＰとＱを比べてみて
ください。

　　Ｐ：不安を感じているとき扁桃体は活動する。
　　Ｑ：不安を感じているときだけ扁桃体は活動する。

　ＰとＱは違います。「不安を感じているとき扁桃体は活動する」は「不
安を感じているときだけ扁桃体は活動する」ということを意味してはいま
せん。ですから、不安を感じていないときにも扁桃体は活動するかもしれ
ないのです。実際、怒っているときにも悲しいときにもとてもわくわくし
ているときにも扁桃体は活動するのだそうです。だから、ある人の扁桃体
が活動しているということから、その人は不安を感じていると決めつける
ことはできません。不安を感じているかもしれませんが、もしかしたらロ
ムニーの顔を見てわくわくしているのかもしれません。
　さらに言えば、同じまちがいが下線を引いたところ以外にも見られます。
なるほど葛藤を感じているときには帯状回が活動するとしても、帯状回が
活動していることから葛藤を感じていると決めつけることはできませんし、
嫌悪感を感じているときに島皮質が活動するからといって、島皮質が活動
していることから嫌悪感を感じていると結論するのは早とちりというもの
です。
　これらのまちがいはすべて「逆を用いた誤り」です。そう、「逆・裏・
対偶」の「逆」です。一般に、「ＰならばＱ」が真だからといってその逆
「ＱならばＰ」も真だとはかぎりません。「ＰならばＱ」は「Ｐのときだけ
Ｑ」を意味しませんから、ＰじゃないときにＱであってもかまわないわけ
です。ですから、「ＰならばＱ」が真だとしても、ＱということからＰを
結論するのは早とちりなのです。
　このようなまちがいは世の中にけっこうあって、生活の中で見られる演
繹のまちがいの多くはこのタイプのまちがいではないでしょうか。そこで、
次の言葉を胸に刻んでほしいのです。

「逆は必ずしも真ならず」って、聞いたことがあるのではないでしょうか。いまはさらに正確に「裏は必ずしも真ならず」も付け加えておきます。で、この言葉の意味を理解するためには、逆・裏・対偶を理解しなければいけないわけです。

例11をもう一度見てみましょう。

例11

A ………… 月曜日が祝日ならば博物館は火曜日に休館する。
Aの逆…… 博物館が火曜日に休館するならば月曜日は祝日だ。
Aの裏…… 月曜日が祝日ではないならば博物館は火曜日に休館しない。
Aの対偶… 博物館が火曜日に休館しないならば月曜日は祝日ではない。

まずAの逆とAは意味が違うことを納得してください。Aは「月曜日が祝日ならば博物館は火曜日に休館する」です。これは月曜日が祝日ではないときに博物館が火曜日に休館するかどうかについては何も述べていません。月曜が祝日でなくとも、展示替えのためとか火曜日が元日であるといった理由で火曜日に休館するかもしれません。それゆえ、Aが真でもAの逆「博物館が火曜日に休館するならば月曜日は祝日だ」は必ずしも真ではありません。

同じ理由で、Aが真でもAの裏「月曜日が祝日ではないならば博物館は火曜日に休館しない」は偽になる可能性があります。火曜日は元日かもしれませんし、あるいは改修工事中かもしれません。

Aが真のとき、必ずそれと連動して真になるのはAの対偶です。並べて書いてみましょう。

　A ………… 月曜日が祝日ならば博物館は火曜日に休館する。
　Aの対偶… 博物館が火曜日に休館しないならば月曜日は祝日ではない。

Aが真のとき、もし博物館が火曜日に休館しないのならば、月曜日は祝日ではないということです。月曜日が祝日だったら火曜日は休館のはずですからね。つまり、Aが真のときには、Aの対偶も必ず真になります。

　一般に命題AとAの対偶は同値になります。

PならばQ≡notQならばnotP

練習問題12　命題Aに対して、逆・裏・対偶をそれぞれ作りなさい。

(1) A：我が家が漏電しているならば我が家の電気代が上がっている。

(2) A：野上さんが18歳以上ではないならば野上さんには選挙権はない。

....

質問　「台風が来るならば彼女は家にいる」の対偶って「彼女が家にいないならば台風は来ない」でいいんですか？　これだと彼女が家にいなければ台風が来なくなるみたいで、彼女のパワー、すごいんですけど。

答え　確かに「彼女が家にいないならば台風は来ない」というのは変です。でも、「彼女は家にいない」が真ならば、それはつまり「台風は来ない」も真だということなのだと考えれば、おかしくはなくなるでしょう。つまり言い方の問題で、「彼女が家にいないということは、台風は来ないということだ」のように言えば違和感はなくなります。

　こういう場合の「PならばQ」は因果関係を表わしていて、「Pのとき、それが原因でQ」という意味になります。これをうかつに対偶の形にすると「Qではないならば、それが原因でPではなくなる」（彼女が家にいなければ、それが原因で台風が来なくなる）と、因果関係がひっくりかえって奇妙なことになってしまいます。そこで「Pのとき、それが原因でQ」という場合には、その対偶は「Qではないとき、それはQを引き起こす原因となるPが起こらなかったということだ」のように考えるのです。

7-3　「FはGだ」の逆・裏・対偶

　逆・裏・対偶が作れるのは「PならばQ」という命題だけではありません。例えば「ペンギンは鳥だ」なども逆・裏・対偶が作れます。

例12

A ………… ペンギンは鳥だ。

A の逆…… 鳥はペンギンだ。

A の裏…… ペンギンではないものは鳥ではない。

A の対偶… 鳥ではないものはペンギンではない。

　A は真ですが、A の逆や裏は偽です。それに対して対偶「鳥ではないものはペンギンではない」は、そもそも鳥じゃなかったらそれはペンギンではありませんから、真です。

　つまり、ここでも A と連動して真になるのは対偶だけで、「逆(裏)は必ずしも真ならず」という格言はあてはまるのです。

　一般に「F は G だ」といった主語と述語からなる形の命題で、「F はすべて G だ」のように「すべて」の意味がこめられているものに対しては逆・裏・対偶が作れます。「F ではないもの」を「not F」、「G ではないもの」を「not G」と書くことにすれば、次が成り立ちます。

A ………… F は G だ

A の逆…… G は F だ

A の裏…… not F は not G だ

A の対偶… not G は not F だ

質問　いままで「P」「Q」だったのに、なんでここでは「F」「G」になるんですか？

答え　「P ならば Q」の「P」と「Q」は命題、つまり真偽が言える文でした。それに対して、「F は G だ」の「F」と「G」は文ではなくて「ペンギン」とか「鳥」といった語句です。ですから、ちょっと文字を変えてみたというわけです。でも、あまり気にしなくてかまいません。(それでもどうして「F」なんだと気になる人のためにひとこと言っておけば、「関数」を意味する英語"function"の「F」なのです。なんで関数がここに出てくるんだというのは、第Ⅱ部で説明します。)

話を続けましょう。例えば「ヤマネは冬眠する」という命題は「FはG
だ」という形とは少し違いますが(あえて書けば「FはGする」でしょう
か)、この命題に対しても逆・裏・対偶を作ることができます。

例13

A ………… ヤマネは冬眠する。
Aの逆…… 冬眠するのはヤマネだ。
Aの裏…… ヤマネでないものは冬眠しない。
Aの対偶… 冬眠しないものはヤマネではない。

　以下、主語と述語からなる命題を一般的に「FはGだ」と書きますが、
この形式の命題には「ヤマネは冬眠する」のようなものも含まれると考え
てください。
　さて、「PならばQ」と「FはGだ」はともに逆・裏・対偶を作れます
が、それは両者に共通の構造があるからです。この点、もう少し説明させ
てください。
　「PならばQ」の説明のときに、ここで扱っている「PならばQ」とい
う命題は「Pが真のときつねにQも真になる」という意味だと述べてお
きました。いま見ている「FはGだ」という命題は、「FはすべてGだ」
という意味です。「つねに」と「すべて」の間に共通のにおいが感じられ
ませんか?
　両方とも、「○○だったら××のはずだ」という構造です。

　　　○○だったら××のはずだ。
　　　でも、××じゃない。
　　　ということは、○○ではないということだ。

　これが、Aが真ならAの対偶も真ということの説明です。
　逆や裏はどうでしょう。○○の場合には××のはずだとします。でも、
そのことから○○ではない場合にはどうかということについては分かりま
せん。

○○だったら××のはずだ。

　　○○じゃない場合は？

　　その場合は××か××じゃないのか、分からないよ。

　ですから、「○○の場合には××のはず」ということから「○○ではない場合は××ではない」と決めつけることはできません。つまり、裏は必ずしも真ならずです。

　また、○○の場合には××だとしても、○○ではない場合でも××になるかもしれませんから、「××の場合は○○のはずだ」と決めつけることもできません。つまり、逆は必ずしも真ならず。

　かくして、「○○の場合には××だ」に連動して真になるのはその対偶「××ではない場合は○○ではない」だけなのです。

練習問題 13　命題Ａに対して、逆・裏・対偶をそれぞれ作りなさい。

　(1) Ａ：トマトは野菜だ。

　(2) Ａ：ダチョウは空を飛ばない。

7-4　ド・モルガンの法則と対偶を組み合わせる

　ド・モルガンの法則が関わってくると、対偶はもう少しややこしくなります。ド・モルガンの法則をおさらいしておきましょう。

　連言と選言のド・モルガンの法則

　　(1) not(P かつ Q) ≡ (not P)または(not Q)

　　(2) not(P または Q) ≡ (not P)かつ(not Q)

問題 8　ド・モルガンの法則を用いて、次の命題の対偶を作りなさい。

　人を殺した者は、死刑または懲役に処する。

「not(死刑または懲役に処する)ならば、人を殺した者ではない」が対偶の形になります。「not(死刑または懲役に処する)」にド・モルガンの法則を適用すると、「死刑にも懲役にも処せられない」となります。

問題8の解答　死刑にも懲役にも処せられないならば、人を殺した者ではない。

「人を殺した者ではない」は「人を殺していない者である」でも同じ意味です。

ちなみに、この文の元になった刑法199条を書いてみます。

　　　人を殺した者は、死刑又は無期若しくは五年以上の懲役に処する。

ここには「又は」と「若しくは」という法律独特の言葉遣いがあります。まず「死刑または懲役」と大きく分けられます。ついで懲役が「無期または五年以上」と分けられます。このとき、大きな分け方の「または」は「又は」と書いて、小さな分け方の「または」は「若しくは」と書くのが法律の言葉遣いなのです。

それゆえ、昼食にチャーハンかラーメンを食べよう、ラーメンだったら味噌ラーメンか醤油ラーメンにしようというのであれば、法律用語的には「チャーハン又は味噌ラーメン若しくは醤油ラーメンを食べよう」と言わねばなりません。

「または」だけで書こうとすれば、次のようになります。

　　　人を殺した者は、死刑に処する、または、無期懲役に処する、または、
　　　五年以上の懲役に処する。

いままでは「PまたはQ」という形だけを扱ってきましたが、当然「PまたはQまたはR」や「PかつQかつR」といった命題もあります。命題が三つ以上の場合でもド・モルガンの法則は命題が二つのときと同様になります。

$$\mathrm{not}(P \text{ かつ } Q \text{ かつ } R) \equiv (\mathrm{not}\ P) \text{ または } (\mathrm{not}\ Q) \text{ または } (\mathrm{not}\ R)$$
$$\mathrm{not}(P \text{ または } Q \text{ または } R) \equiv (\mathrm{not}\ P) \text{ かつ } (\mathrm{not}\ Q) \text{ かつ } (\mathrm{not}\ R)$$

刑法 199 条の対偶を「かつ」を使って書くと、こうなります。

死刑に処せられず、かつ、無期懲役に処せられず、かつ、五年以上の懲役に処せられることもないならば、人を殺した者ではない。

練習問題 14　ド・モルガンの法則を用いて、次の命題の対偶を作りなさい。
 (1) カモノハシは、哺乳類であり、卵生である。
 (2) 芳賀さんはお腹がすくか眠くなると、無口になる。

8　対偶論法

命題 A と A の対偶が同値になることから、次の演繹が成立します。

　P ならば Q
　not Q
　それゆえ、not P

この論法を論理学では「後件否定式」と呼んだりしますが、対偶を利用しているのでここでは「**対偶論法**」と呼ぶことにしましょう。

例 14　イモリが爬虫類ならばイモリにはウロコがある。イモリにはウロコはない。
　　　それゆえ、イモリは爬虫類ではない。

イモリはカエルと同じ両生類です。イモリと似ていますがヤモリは爬虫類で、ヤモリにはウロコがあります。

また、「FはGだ」という命題も対偶を作れますから、対偶論法を利用した次のような演繹が成立します。

例15　豚汁には豚肉を入れる。けんちん汁には豚肉を入れない。
　　　それゆえ、けんちん汁は豚汁ではない。

ここでもだいじなことは「逆(裏)は必ずしも真ならず」ということを銘記しておくことです。例えば次のような推論は正しい演繹ではありません。

例16　イワシが爬虫類ならばイワシにはウロコがある。イワシは爬虫類
　　　ではない。
　　　それゆえ、イワシにはウロコがない。

例17　けんちん汁には豚肉を入れない。しじみ汁には豚肉を入れない。
　　　それゆえ、しじみ汁はけんちん汁だ。

念のため「演繹」について復習しておきましょう。演繹とは前提が真のときには結論も必ず真になるような推論のことです。「誤った演繹」というのはそもそも演繹として成立していませんから、「正しい演繹」という言い方は冗長な言い方ですが(「だいじな貴重品」みたいな言い方ですね)、あまり細かいことは気にしないでください。

例14と例15は正しい演繹です。確認してください。

しかし、例16はどうでしょう。前提は真ですが、結論は偽です。なるほど爬虫類ならウロコがあるでしょうが、爬虫類だけにウロコがあるわけではありません。これは裏を使った推論になっています。

例17は逆を使った推論です。豚肉を入れなければなんでもけんちん汁だというのはむちゃくちゃです。けんちん汁には豚肉は入れませんが、けんちん汁だけが豚肉を入れない料理というわけではありません。

先にも言いましたが、逆や裏を使った推論に注意するだけで、日常の演

繹のまちがいはかなり減らせると思われます。練習してみましょう。

練習問題 15　次の推論が演繹として正しいならば○、誤りならば×をつけなさい。
   (1) 論理学は論理的である。文学は論理学ではない。
      それゆえ、文学は論理的ではない。
   (2) 論理学は論理的である。数学は論理的である。
      それゆえ、数学は論理学である。
   (3) 論理学は論理的である。芸術は論理的ではない。
      それゆえ、芸術は論理学ではない。

うまく答えられない人のために、ヒントを与えておきましょう。

A …………　論理学は論理的である。
A の逆……　論理的ならば論理学だ。
A の裏……　論理学でないならば論理的ではない。
A の対偶…　論理的でないものは論理学ではない

そうすると例えば(1)は、文学が論理学ではないということから文学が論理的でないことを導いていますから、これは「論理学でないならば論理的ではない」という裏を使った推論をしています。

練習問題 16　次の推論が演繹として正しいならば○、誤りならば×をつけなさい。
   (1) 江戸川区は東京都だ。ディズニーランドは江戸川区にはない。
      それゆえ、ディズニーランドは東京都にはない。
   (2) この虫がダンゴムシならば、触ると丸まる。この虫は触っても丸まらない。
      それゆえ、この虫はダンゴムシではない。
   (3) 日野さんは機嫌がいいときには笑顔になる。いま日野さんは笑顔だ。
      それゆえ、日野さんはいま機嫌がいい。

練習問題 17　次の推論のどこが誤りなのかを説明しなさい。

(1) こだまは三島駅に停まる。この電車は三島駅に停まっている。
　　それゆえ、この電車はこだまだ。

(2) こだまは三島駅に停まる。この電車はこだまではない。
　　それゆえ、この電車は三島駅には停まらない。

練習問題 18　次の推論が演繹として正しいならば○、誤りならば×をつけなさい。

(1) 哲学を履修した学生は論理学と宗教学も履修している。藤田さんは宗教学を履修していない。
　　それゆえ、藤田さんは哲学を履修していない。

(2) 辺見さんはひまがあって金があると旅行に行く。辺見さんは最近旅行に行っていない。
　　それゆえ、辺見さんは最近ひまがないのだ。

(3) A 定食か B 定食のどちらかを注文すれば杏仁豆腐がつく。私が注文したランチには杏仁豆腐はついていない。
　　それゆえ、私が注文したランチは A 定食ではない。

9　推移律

「P ならば Q」と「Q ならば R」から「P ならば R」が演繹できます。これは「**推移律**」と呼ばれる推論です。この論法と対偶論法を用いて、多くの推論が分析できます。

例 18　レポートを出さなければ単位が取れない。単位が取れなければ留年だ。それゆえ、レポートを出さなければ留年だ。

例 19　レポートを出さなければ単位が取れない。単位が取れなければ留年だ。

このクラスの学生は全員留年しなかった。

それゆえ、このクラスの学生は全員レポートを出したのだ。

　例 18 は単純な推移律の例です。

　例 19 は推移律と対偶論法を組み合わせています。「レポートを出さなければ単位が取れない」と「単位が取れなければ留年だ」から、推移律を用いて「レポートを出さなければ留年だ」が導かれます。ところがこのクラスの学生は全員留年していないというのですから、対偶論法を用いて、このクラスの学生は全員レポートを出したのだと結論できます。

　こんな要領で、いくつか問題をやってみましょう。

練習問題 19　次の①と②が真であるとする。

　① 来々軒が開店していれば昼食は来々軒で食べる。

　② 上海亭が休みの日は来々軒は開店している。

　①と②から次が正しく演繹できるかどうかを説明しなさい。

　(1) 上海亭が休みの日は昼食は来々軒で食べる。

　(2) 昼食を来々軒で食べない日は昼食は上海亭で食べる。

練習問題 20　次の①と②が真であるとする。

　① 授業に出席できないと単位が取れない。

　② アルバイトか課外活動が忙しいと授業に出席できない。

　①と②から次が正しく演繹できるかどうかを説明しなさい。

　(1) 課外活動が忙しいと単位が取れない。

　(2) 単位が取れているのであれば、アルバイトが忙しくはないということだ。

　一点アドバイスしておきましょう。慣れないうちは対偶も全部書き出しておいた方がよいでしょう。①の対偶と②の対偶を書き出しておくのです。そして①と②と①の対偶と②の対偶の四つの命題をにらんで、推移律を使って考えるわけです。

それから、練習問題 20 の②は対偶を作るさいにド・モルガンの法則も
使います。

練習問題 21　次の①～③が真であるとする。
　① 面白くてためになる授業は学生の人気も高い。
　② 学生の人気が高い授業は履修者が多い。
　③ 私の授業はためになるのに履修者が少ない。
　①～③から次が正しく演繹できるかどうかを説明しなさい。
私の授業は面白くないのだ。

練習問題 22　次の①～③が真であるとする。
　① ディズニーファンならディズニーランドに行ったことがある。
　② ディズニーランドに行ったことがあり、かつ、ジェットコースター
　　 が好きな人なら、スペースマウンテンに乗ったことがある。
　③ 保坂さんはスペースマウンテンに乗ったことがない。
　①～③から次が正しく演繹できるかどうかを説明しなさい。
保坂さんはディズニーファンではない。

10　背理法

　否定・連言・選言・条件法を用いてできる演繹をもうひとつ紹介してお
きましょう。
　ある命題 P を仮定して、その仮定 P のもとで演繹を進めると矛盾が生
じることが示されたとします。それはつまり、P という仮定は成り立ちえ
ないということですから、仮定 P は偽だと分かります。そこで、not P が
結論できる。
　このような演繹は「**背理法**」と呼ばれます。

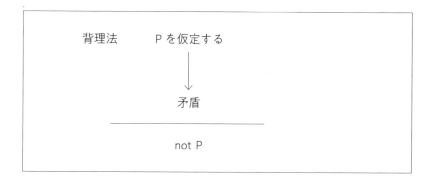

厳密な背理法は日常ではほとんど使われることがありません。しかし、例えば次などは厳密な意味での背理法ではありませんが、背理法「的」な議論と言えるでしょう。

例20　この履修計画だと、全部単位をとっても、あなたは単位数が足りない。
　　　　それゆえ、あなたは履修計画を見直さなくてはいけない。

　これは、あることを仮定し、その仮定の下では困ったことになると推論して、そこから結論として仮定を否定するという論法で、背理法「的」と言えます。しかし、論理学が言う背理法は、あくまで仮定Ｐから矛盾を導くことにより、not Pを結論するものです。「単位数が足りない」というのは、困ったことではあるけれども、別に矛盾ではありません。矛盾というのはある命題の肯定と否定を同時に主張することです。

....

質問　これはいままでの演繹とはけっこう違う感じがするんですが……。対偶論法とか推移律とかは、前提から結論を導く形をしてたじゃないですか。でも、これは違いますよね。

答え　気がつきましたか。いままで見てきた演繹は「前提が真であると認めたならば結論も真だと必ず認めねばならない推論」でした。だから、前提が偽だった場合には、演繹として正しくとも結論が真になるとはかぎらないのです。結論が真だと証明するには、前提が真であり、かつ、演繹として正しいという、二つのことが示されなくてはいけません。

ところが、背理法というのは「Pを仮定したら矛盾になる。それゆえ not P だ」と、これだけで not P という結論が真だと証明できているのです。

　真である前提から正しい演繹によって結論が真だと証明するタイプのものを「直接証明」、背理法のようなタイプのものを「間接証明」とも言います。真である前提から結論を演繹するのは一直線に行くイメージだから「直接」で、背理法はと言えば「ちょっとPだと考えてみようか。でもそうすると、あれれ、矛盾しちゃうじゃないか。てことはPじゃなかったんだな」と、回り道する感じが「間接」なんでしょうね。

質問　背理法で「Pを仮定する」とあるのは、いままでの演繹で見てきた「前提」とは違うんですね？

答え　ええ、違います。例えば、対偶論法で「PならばQ。not Q。それゆえ、not P」と演繹するとき、「PならばQ」と「not Q」は「not P」という結論が真であるための前提です。

　他方、「仮定」というのはそれが真だとしたらどうなるのかを検討するためにあくまでも「仮に」立てられた命題です。だから、背理法で結論が出されたら仮定はもうお払い箱というか、つまり、最後に否定されるために仮に立てられた命題が仮定というわけです。

　「前提」と「仮定」という二つの語は明確に区別してください。

　では、背理法の具体例を見てみましょう。とはいえ、論理学や数学のように厳密な演繹を用いる学問では背理法は重要な論法となりますが、日常生活ではこのような厳密な背理法はあまり使われることがありません。ですから、ここでは少しパズル的な問題を通して、背理法という証明の仕方があることを学んでください。

例21　前田さんと水田さんが式に来るならば、向井さんは式に来ない。
　　　　前田さんが式に来るなら水田さんも式に来る。
　　　　それゆえ、前田さんと向井さんが二人とも式に来ることはない。

　背理法を用いなくともこの演繹の正しさは示せますが、いまは背理法を使いましょう。

　背理法で証明するために、まず証明したい命題の否定を仮定します。いま証明したいのは「前田さんと向井さんが二人とも式に来ることはない」という命題ですから、これを否定して「前田さんと向井さんが二人とも式

に来ることはないということはない」としますが、二重否定は肯定に等しいので、「前田さんと向井さんは二人とも式に来る」という命題を仮定します。この仮定と二つの前提から矛盾が導かれてしまうことを示せばよいわけです。

仮定 前田さんと向井さんは二人とも式に来る。
　① 前田さんと水田さんが式に来るならば、向井さんは式に来ない。
　② 前田さんが式に来るなら水田さんも式に来る。

　ここから矛盾を導きます。仮定より、前田さんは式に来ます。
　前田さんが式に来ることと②より、水田さんも式に来ます。
　前田さんと水田さんが式に来ることと①より、向井さんは式に来ません。
　ところが仮定より向井さんは式に来ます。
　これは矛盾です。
　それゆえ、仮定は否定されて「前田さんと向井さんが二人とも式に来ることはない」と結論できます。

問題9　目黒さんと元木さんが運動会で出る種目に関して、次の①〜③が真であるとする。このことから、目黒さんが徒競走に出ることを背理法を用いて証明しなさい。
　① 目黒さんが徒競走に出ないならば、元木さんはリレーに出る。
　② 目黒さんがリレーに出るならば、元木さんはリレーに出ない。
　③ 目黒さんがリレーに出ないならば、目黒さんは徒競走に出る。

　どうもこういうのは苦手だという人もいるでしょう。でも、あまり気にしないでください。先にも述べたとおり、日常生活で厳密な背理法はほとんど使われません。ここでのポイントはこういうタイプの証明があるのだということを理解することです。
　自分で証明できなくても、答えを見てそれが証明になっていることを理解してくれれば、それでかまいません。

問題 9 のヒント

　まず証明したい結論を確認してください。「目黒さんは徒競走に出る」、これが証明したい結論です。背理法で証明するには、この否定を仮定します。そして、それと①〜③の前提から矛盾を導くわけです。

仮定　目黒さんは徒競走に出ない。
　① 目黒さんが徒競走に出ないならば、元木さんはリレーに出る。
　② 目黒さんがリレーに出るならば、元木さんはリレーに出ない。
　③ 目黒さんがリレーに出ないならば、目黒さんは徒競走に出る。

　慣れないうちは、対偶を作れるものは対偶も作ってみましょう。そしてそれらを並べてじっと見ていると……証明の筋が見えてきませんか？

問題 9 の解答例(別解もあります)

　目黒さんが徒競走に出ないと仮定する。

　この仮定と①とから、元木さんはリレーに出ることが導ける。

　元木さんがリレーに出ることと②から、対偶論法を用いて、目黒さんはリレーに出ないことが導ける。

　目黒さんがリレーに出ないことと③から、目黒さんは徒競走に出ることが導ける。しかしこれは「目黒さんは徒競走に出ない」という仮定と矛盾する。

　それゆえ、仮定を否定して目黒さんは徒競走に出ると結論できる。

練習問題 23　論理学、宗教学、哲学の三つの科目の合格・不合格に関して、次の①〜③が真であるとする。このことから、安近さんは論理学に合格していることを背理法を用いて証明しなさい。（ただし合格か不合格のどちらかしかないとする。）
　① 宗教学に合格しなかった人は論理学に合格した。
　② 哲学に合格した人は宗教学に合格しなかった。
　③ 哲学に合格しなかった人は、論理学に合格したか、または、宗教学に合格しなかった。

11　全称命題・存在命題・単称命題

　私たちのやる記号論理学は命題論理とそれを拡張した述語論理ですが、第I部もそれに対応して、命題論理的な前半と述語論理的な後半に分かれます。命題論理的な前半は先の章で終了し、ここからは述語論理に対応した第I部の後半となります。といっても、述語論理は命題論理を拡張したもので、命題論理を含んでいますから、ここまでやってきたことはそのままこれからも生かされます。

　いままで取り上げてきたのは、否定・連言・選言・条件法を用いて行なわれる演繹でした。これが記号論理学の命題論理に対応します。ここからは述語論理に対応して、いままでの四つの語に加えて「すべて」と「ある（存在する）」という語を考えていきます。この二つが加わるだけで表現力がものすごく大きくなるところが、最大の見どころです。（論理学では命題に「すべて」や「ある（存在する）」をつけることを「量化」と言いますが、そんな用語を導入するのは第II部にして、他にも新しい用語が出てきますから、いまは難しげな言葉はなるべく少なくしておきましょう。）

　では、「すべて」と「ある（存在する）」という語を取り上げるにあたって、まず猫とハルやアンズの関係を押さえておきましょう。ここで「ハル」「アンズ」はそれぞれある特定の一匹の猫につけられた固有名詞とします（私が飼っている猫の名前です）。それに対して「猫」はそうしたハルやアンズやよその家のミケやタマやあるいは名もなき猫たちの集まりです。そのような個々のものの集まりを「集合」と言います。「集合」は数学の用語で、もっときちんとした定義がありますが、いまはたんに「ものの集まり」ぐらいに捉えておいてくれればかまいません。

　そこで、これから「すべて」と「ある（存在する）」に関わる演繹を見ていく上で、次のような三つの命題を区別することが基本になります。

例 22

(1) アンズはハチワレだ。

(2) すべての猫は喉を鳴らす。

(3) ある猫は泳ぐ。

(1)は特定の猫についての命題です(「ハチワレ」というのは顔が八の字の形に二色に分かれていることです)。このような特定の個々のものについての命題を「**単称命題**」と言います。

(2)と(3)はそれに対して猫という集合を話題にします。

(2)は猫という集合に属するすべてのものに対して、喉を鳴らすと述べています。このような命題を「**全称命題**」と言います。

(3)は、猫という集合の中に泳ぐものが存在すると主張するもので、このような命題を「**存在命題**」と言います。

繰り返せば、特定の個々のものについてしかじかであると述べる命題は単称命題、ある集合に属するすべてのものについてしかじかであると述べる命題は全称命題、ある集合に属するものの中にしかじかであるものが存在すると述べる命題は存在命題です。

練習問題 24 (1)〜(6)を単称命題、全称命題、存在命題に区別しなさい。

(1) 湯本さんは成人式に行かなかった。

(2) 哲学者はみんな怠け者だ。

(3) すべてのトラは冬眠しない。

(4) 富士山は日本一高い山だ。

(5) ある魚にはウロコがない。

(6) 上映時間が 1 週間以上かかる映画がある。

....

質問　「横見さんは日本国内のすべての駅で下車した」のような文は単称命題なんですか、全称命題なんですか？

答え　横見さんという一人の人物についての文という点では単称命題ですが、すべての駅についての文という点では全称命題です。このように、単称命題・全称命題・存在命題という性格が一つの命題の中に混在することがあります。

質問 「ある教師はすべての学生を合格にした」という命題はどうです？

答え 「ある教師は……」は存在命題の言い方で「すべての学生を……」は全称命題の言い方です。これも、全称命題と存在命題が組み合わさった命題で、このような命題については後でもう少し詳しく見ます。

質問 「ほとんどの学生は合格した」という命題は全称命題なのですか？

答え 全称命題は「すべての……」という命題ですから、「ほとんどの……」は全称命題ではありませんが、全称命題の親戚と言ってもよいでしょう。

　この本では「すべて」と「ある(存在する)」だけを扱い、「ほとんどの」といった言い方については扱いません。論理学がこういう言い方を扱わないということではなく、論理学入門としてはあまりややこしい話はせずに、まずは単純に「すべて」と「ある(存在する)」だけを扱うということです。

覚えてほしい用語

単称命題：特定の個々のものについてしかじかであると述べる命題

全称命題：ある集合に属するすべてのものについてしかじかであると
　　　　　述べる命題

存在命題：ある集合に属するものの中にしかじかであるものが存在す
　　　　　ると述べる命題

12　「すべて」と「ある」を用いた演繹

例23　1年生はすべて合格した。羅臼さんは1年生だ。
　　　　それゆえ、羅臼さんは合格した。

　これは正しい演繹です。つまり、二つの前提が真であると認めたならば、結論も必ず真であると認めねばなりません。しかし、ここでも「逆(裏)は

必ずしも真ならず」ということが重要になります。「すべて」と「ある(存在する)」が加わることで、逆や裏を使った誤りをいっそう犯しやすくなります。注意してください。

問題 10　次の推論のどこが誤りなのかを説明しなさい。
　　1年生はすべて合格した。利尻さんは1年生ではない。
　　それゆえ、利尻さんは合格しなかった。

問題 11　次の推論のどこが誤りなのかを説明しなさい。
　　1年生はすべて合格した。留萌さんは合格した。
　　それゆえ、留萌さんは1年生だ。

問題 10 の解答

　「1年生はすべて合格した」ということは、「1年生だけが合格した」ことを意味してはいない。それゆえ、利尻さんが1年生ではないとしても、合格している可能性はある。

　問題 10 の推論は「1年生はすべて合格した」から「1年生でなければ合格していない」を導いてしまったもので、裏を用いた誤りです。

問題 11 の解答

　「1年生はすべて合格した」ということは、「1年生だけが合格した」ことを意味してはいない。それゆえ、留萌さんが合格しているとしても、留萌さんが他の学年の学生である可能性はある。

　問題 11 の推論は「1年生はすべて合格した」から「合格しているならば1年生である」を導いてしまったもので、逆を用いた誤りです。
　それに対して、対偶論法は正しい演繹です。

例 24　1年生はすべて合格した。礼文さんは合格しなかった。
　　それゆえ、礼文さんは1年生ではない。

もし礼文さんが1年生だとしたら、礼文さんは合格しているはずです。しかし礼文さんは合格しなかったというのですから、礼文さんは1年生ではないと結論できます。

　全称命題同士の組み合わせでも対偶論法は使えます。

例25　軽トラックはすべてエンジンの総排気量が660 cc以下である。三輪トラックはすべてエンジンの総排気量が660 ccを越える。

　　　　それゆえ、三輪トラックは軽トラックではない。

　ちなみに、三輪トラックというとダイハツのミゼットを考える人もいるかと思いますが、ミゼットは軽自動車規格の三輪トラック、いわゆる「軽三輪」です。(いや、どうでもよいことでした。)

....

質問　これって、第7章の、「FはGだ」にも逆・裏・対偶があって、「FはGだ」と同値になるのは対偶「not Gはnot Fだ」だけ、という話と同じじゃないですか?

答え　その通りです。7-3(35-38ページ)、「FはGだ」という形の命題として「ペンギンは鳥だ」のような命題を例に出していたのですが、これは「すべてのペンギンは鳥だ」ということで全称命題なのです。つまり、あのとき「FはGだ」という形で扱っていたのは、実は「すべてのFはGだ」という全称命題だったのです。

質問　単称命題も逆・裏・対偶が作れるんですか?　「礼文さんは合格した」の対偶は「合格しなかったならば礼文さんではない」──よさそうな気もしますけど。

答え　単称命題に対しては逆・裏・対偶は作れません。でも、どうしてかを説明するのは案外難しいですね。

　　7-3でも説明しましたが、「PならばQ」という命題でも、「FはGだ」という命題でも、どちらに対しても逆・裏・対偶が作れるというのは、両方とも「○○だったら××のはずだ」という構造をもっているからです。でも単称命題にはそういう構造はないでしょう?　「礼文さんは合格した」は「礼文さんだったら合格したはずだ」と違いますよね。

　　「その人が礼文さんであるならば、その人は合格した」という命題であれば、「その人が合格していないのであれば、その人は礼文さんではない」と対偶を作れます。だから、ポイントは「礼文さんは合格した」と「その人が礼文さんであるならば、その人は合格した」との違いなのです。日常的な言葉遣いの感

覚ではあまり違いが感じられないかもしれません。

　他方、論理学は「礼文さんは合格した」という命題と「その人が礼文さんであるならば、その人は合格した」という命題をはっきりと区別します。「礼文さんは合格した」は主語と述語だけからなる命題ですが、「その人が礼文さんであるならば、その人は合格した」は「その人は礼文さんだ」という命題と「その人は合格した」という命題を「ならば」でつなげたものになります。文法の用語を使うならば、前者は単文で後者は複文です。

　第Ⅱ部では、記号論理学に入っていきますが、そこでは単称命題に対して逆・裏・対偶を作りたいと思っても作れないような記号化をします。でも、いまは日常の言葉の範囲で考えていますから、そのあたりが曖昧になるのはしょうがないことかなと思います。

　長々と述べましたが、私のアドバイスは、このあたりのことはいまはまだあまり気にしないでかまわない、というものです。

質問　気にしなくっていいと言われても、もう一点尋ねたいのですが、「あるＦはＧだ」という存在命題の逆・裏・対偶はどうなるんですか？

答え　存在命題にも逆・裏・対偶はありません。こっちの方が説明がしやすいので、ちゃんと説明しておきましょう。

....

　逆・裏・対偶が作れるというのは、その命題に「○○だったら××のはずだ」という構造があるからです。「すべてのＦはＧだ」という全称命題は「ＦだったらＧのはずだ」と言えます。しかし、「あるＦはＧだ」という存在命題の場合は、Ｆの中にはＧがあると言っているだけですから、Ｇではないものもあるかもしれませんし、「ＦだったらＧのはずだ」とは言えません。ですから、ＧではないということからＦではないと結論することもできないのです。つまり、対偶を作ることはできません。

　例えば「ある哲学者は怠け者だ」という命題を考えてみましょう。これは「哲学者だったら怠け者のはずだ」と言っているわけではありません。ですから、怠け者ではないということから哲学者ではないということも結論できません。対偶のとりようがないのです。

....

質問　いまそんな気がしたのですが、「ある哲学者は怠け者だ」と「ある怠け者は哲学者だ」はもしかして同値ですか？

答え　その通りです。それについても説明しておきましょう。

「ある哲学者は怠け者だ」というのはどういう意味かというと、「ある人がいて、その人は哲学者で、かつ、怠け者だ」という意味です。

「ある怠け者は哲学者だ」はどうかというと、「ある人がいて、その人は怠け者で、かつ、哲学者だ」という意味です。並べてみましょう。

　　ある人物がいて、その人は哲学者で、かつ、怠け者だ。
　　ある人物がいて、その人は怠け者で、かつ、哲学者だ。

これは同値です。全称命題の場合には、「すべての哲学者は怠け者だ」と「すべての怠け者は哲学者だ」は同値ではありませんが、存在命題の場合は、「ある哲学者は怠け者だ」と「ある怠け者は哲学者だ」は同値になるのですね。いや、別にだから何だというわけではありません。「ふーん」とか反応してくれればそれでけっこうです。

では、「すべて」と「ある（存在する）」が関わる演繹をさらに見ていきましょう。

例26　1年生は全員合格した。このクラスの学生には1年生がいる。
　　　　それゆえ、このクラスの学生には合格した人がいる。

このクラスの学生に1年生がいて、それが誰かは分かりませんが、1年生は全員合格したというのですから、その誰かは分からない1年生も合格しているはずです。

例27　1年生は全員合格した。このクラスの学生には不合格の人がいる。
　　　　それゆえ、このクラスの学生には1年生でない人がいる。

このクラスの学生には合格しなかった人がいて、1年生は全員合格したというのですから、その合格しなかった人が1年生であるはずがありません。したがって、このクラスの学生には1年生でない人がいるということが結論できます。これは対偶論法を使っています。

これも、逆や裏を使った誤りに注意しなければなりません。

例 28　1 年生は全員合格した。このクラスの学生には合格した人がいる。
　　　　それゆえ、このクラスの学生には 1 年生がいる。

例 29　1 年生は全員合格した。このクラスの学生には 1 年生はいない。
　　　　それゆえ、このクラスの学生には合格した人はいない。

　もう説明は不要でしょうか。「1 年生は全員合格した」は「1 年生だけ
が合格した」ということを意味してはいません。ですから、合格したから
といって 1 年生だと決めつけてはいけませんし(逆を用いた誤り——例
28)、1 年生ではないからといって合格しなかったと決めつけてもいけま
せん(裏を用いた誤り——例 29)。
　また、次のような推論も正しい演繹ではありません。

例 30　ある 1 年生は合格した。このクラスの学生には 1 年生がいる。
　　　　それゆえ、このクラスの学生には合格した人がいる。

　合格した 1 年生がいることと、このクラスの学生に 1 年生がいること
は分かりますが、それが同じ人物かどうかは分かりません。ですから、こ
のクラスの学生には合格した人がいると結論することはできません。
　もう一例挙げておきましょう。

例 31　安い店がある。うまい店がある。
　　　　それゆえ、安くてうまい店がある。

　前提において「安い店がある」と言われ「うまい店がある」と言われて
いますが、それが同じ店かどうかは分かりません。ですから、この二つの
前提から「安くてうまい店がある」という結論は出てきません。もちろん
安くてうまい店というのは世の中に存在するでしょう。しかし、それは
「安い店がある」と「うまい店がある」という前提から演繹されること
ではありません。

練習問題 25 次の推論が演繹として正しいならば〇、誤りならば×をつけなさい。

(1) 論理学者は全員論理的だ。世の中には論理的な人がいる。
それゆえ、世の中には論理学者がいる。

(2) 電車の車体記号に「モ」の字が含まれているものはモーターのある車両である。電車の車体の中にはモーターのついていないものがある。
それゆえ、電車の車体の中には「モ」の記号がついていないものがある。

(3) 難しい本はどんな本でも眠くなる。哲学書の中には難しくないものがある。
それゆえ、哲学書の中には眠くならないものがある。

(4) 卵生の動物にはヘソはない。哺乳類の中には卵生の動物がいる。
それゆえ、哺乳類の中にはヘソがない動物がいる。

(5) 鳥の中には水中を泳ぐものがいる。鳥の中には飛べないものがいる。
それゆえ、飛ぶことができず、水中を泳ぐ鳥がいる。

13　全称と存在のド・モルガンの法則

13-1　全称の否定は否定の存在・存在の否定は否定の全称

　全称命題「すべてのFはGだ」と存在命題「あるFはGだ」の否定に関しても「全称と存在のド・モルガンの法則」と呼ばれる法則が成り立ちます。(連言と選言の場合も全称と存在の場合も、ド・モルガンが研究したので、どちらも「ド・モルガンの法則」と呼ばれるのです。)

　ではまず全称命題の否定から考えてみましょう。次の全称命題を否定したらどうなるでしょうか。

　　　P：すべての餃子にはニンニクが入っている。

ある命題を否定するとは、その命題が偽だと主張することです。「すべての餃子にはニンニクが入っている」という命題が偽になるのはどういう場合かを考えましょう。

　ニンニクが入っていない餃子が1個見つかった段階で、Pは偽になります。もっとたくさん見つかってももちろんかまいません。少なくとも1個、ニンニクが入っていない餃子がある、それが命題Pが偽になる場合です。

　そして、少なくとも1個ニンニクが入っていない餃子があるということは存在命題にほかなりません。これがnot Pになります。

　　not P：ニンニクが入っていない餃子がある。

　次に存在命題の否定を考えましょう。

　　P：ある水族館は入場無料だ。

　Pは入場無料の水族館が少なくとも一つはあると主張しているわけですから、それが偽になる場合というのは、入場無料の水族館など一つもないという場合です。それを全称命題で表現すると「すべての水族館は入場無料ではない」となります。

　　not P：すべての水族館は入場無料ではない。

　以上を一般的に捉えるとこうなります。
　「すべてのFはGだ」という全称命題は、一つ以上GではないFがあれば偽になるのですから、この全称命題の否定は「あるFはnot Gだ」になります。
　「あるFはGだ」という存在命題は、GであるFなど存在しない場合に偽になります。それはすなわち「すべてのFがnot Gだ」という場合ですから、これが「あるFはGだ」という存在命題の否定になります。

連言と選言のド・モルガンの法則とあわせてまとめておきましょう。

連言と選言のド・モルガンの法則

(1) not(P かつ Q) ≡ (not P)または(not Q)

(2) not(P または Q) ≡ (not P)かつ(not Q)

全称と存在のド・モルガンの法則

(1) not(すべての F は G だ) ≡ ある F は not G だ

(2) not(ある F は G だ) ≡ すべての F は not G だ

13-2　全称は連言に似ていて、存在は選言に似ている

　並べて書くとなんだか連言と選言のド・モルガンの法則と全称と存在のド・モルガンの法則が似ているように感じる人もいるかもしれません。上の四つの法則をもっとおおざっぱにキャッチフレーズ的に表現してみましょう。

連言と選言のド・モルガンの法則

(1)「連言の否定」は「否定の選言」

(2)「選言の否定」は「否定の連言」

全称と存在のド・モルガンの法則

(1)「全称の否定」は「否定の存在」

(2)「存在の否定」は「否定の全称」

　似ているでしょう？　実は、連言と全称、選言と存在には、それぞれ似ているところがあるのです。少しその話をしましょう。ここは気楽に読んでくれていいです。

　世の中に三匹の豚だけがいたとします。名前は「ブー」と「フー」と「ウー」です。そのとき、「全員怠け者だ」という全称命題は、ブーもフーもウーも怠け者だということですから、「ブーは怠け者だ、かつ、フーは

怠け者だ、かつ、ウーは怠け者だ」と同じ意味になります。つまり、もし対象が三つだけならば、全称命題はその対象についての三つの単称命題を「かつ」でつなげたものになるわけです。

　同様に、「怠け者がいる」という存在命題はブーかフーかウーの誰かが怠け者だということですから、「ブーは怠け者だ、または、フーは怠け者だ、または、ウーは怠け者だ」と同じ意味になります。つまり、もし対象が三つだけならば、存在命題はその対象についての三つの単称命題を「または」でつなげたものになります。

　これは対象が三つより多くても同じことです。対象の数が一億個だとすれば、全称命題は一億個の単称命題の連言になり、存在命題は一億個の単称命題の選言になります。ということは、全称命題や存在命題がその本領を発揮するのは、対象の数が無限個の場合ということになりそうです。なんとなく深い話が垣間見えるような気もしますが、この話はここでおしまい。全称命題と連言、存在命題と選言がそれぞれ似ていること、そしてそのことが、連言と選言の間と全称と存在の間にそれぞれド・モルガンの法則を成り立たせているということのようだという気分が伝われば、それでよしとします。

　全称と存在のド・モルガンの法則について少し練習問題をやりたいのですが、その前に、「すべて」と「ある」に関してちょっとめんどくさい話をしておきます。

13-3　ツチノコが存在しなくとも「すべてのツチノコは…」と言える

　「すべての餃子にはニンニクが入っている」と「すべての餃子にはニンニクが入っていない」の関係はどういうものでしょうか。一つのすなおな反応は、ここに「否定と反対」(3-3、15-17 ページ)の話で見たような関係を見てとることでしょう。つまり、「好き」と「嫌い」の関係です。ちょっとおさらいしておきましょう。

　「好き」と「嫌い」は互いに反対の概念ですが、「六本木さんは和田さんを嫌いだ」は「六本木さんは和田さんを好きだ」の否定ではありません。というのも、命題Pの否定は命題Pが偽になるすべての場合を含むもの

ですが、「六本木さんは和田さんを好きだ」が偽になるのは「六本木さんは和田さんを嫌いだ」という場合だけではなく、「六本木さんは和田さんを好きでも嫌いでもない」という場合を含むからです。

　同様に、「すべての餃子にはニンニクが入っていない」が真であれば「すべての餃子にはニンニクが入っている」は偽になるように思われます。しかし、そうだとしても、「ニンニクが入っている餃子も入っていない餃子もある」という場合にも「すべての餃子にはニンニクが入っている」は偽になります。つまり、「すべてのFはGだ」と「すべてのFはGではない」は反対の関係であり、否定ではない、そう思われるわけです。

　「「そう思われる」って、本当は違うってことですか？」、そんなふうに聞きたくなった人もいるかもしれません。そうですね、日常的な会話の文脈であれば、いま述べたことにまちがいはありません。つまり、「すべてのFはGだ」と「すべてのFはnot Gだ」は反対の関係であり、両立はしない、つまり両方真ということはありませんが、しかし否定ではありません。ここで、「日常的な会話の文脈では」というのは、「世の中には餃子というものが存在する」ということが暗黙の前提になっているような文脈のことです。

　「すべての餃子にはニンニクが入っている」と主張するとき、ふつうはそもそも餃子が存在することは当然のこととされているでしょう。しかし、「すべて」という言葉は存在するかしないか分からないものや、存在しないものに対してさえ、使われます。次の例を見てください。

例 32

　(1) すべてのツチノコは 2 m 程度ジャンプする。

　(2) すべてのチュパカブラは山羊の血を吸いつくす。

　あるいは次のような演繹を考えてみましょう。

例 33　誰であれ完璧な人は悩みがない。悩みのない人などいない。
　　　　　それゆえ、完璧な人はいない。

ツチノコもチュパカブラもいわゆる未確認生物(UMA)です。ひいき目に見てもツチノコはいるかいないか分かりませんし、チュパカブラはいないでしょう、たぶん。また、例33は「完璧な人はいない」ということを結論として導く演繹の前提として「誰であれ完璧な人は悩みがない」という全称命題を使っています。つまり、Fが存在しない場合でも「すべてのFはGだ」という命題は使われるのです。

　さて、そうだとすると、次の推論を正しい演繹として認めるわけにはいきません。

　　すべてのFはGだ
　　それゆえ、Fが存在する

　例えば次は認められません。

例34　すべてのチュパカブラは山羊の血を吸いつくす。
　　　　それゆえ、チュパカブラが存在する。

　そこで、私たちがやろうとしている論理学では、「すべてのFはGだ」と言ったからといって、Fであるものが存在するとはかぎらない、と考えます。日常会話の文脈では、例えば「すべての餃子にはニンニクが入っている」と言えば餃子が存在することは当然のこととされますし、あるいは「レポートを出した人は全員合格した」と言われれば当然レポートを出した人はゼロではないと考えるでしょう。でも、それは会話の文脈が前提していることであって、「すべてのFはGだ」の意味の内には「Fが存在する」ということは含めないこととするのが、論理学のやり方なのです。

　さて、ここまできちんと納得してくれた人、次のステップに進みます。以上を認めると「え、そういうことになるの？」と言いたくなるような結果が待っています。まだ「すべてのFはGだ」が真であってもFが存在するとは限らないということが腑に落ちていない人は、先に進むのをちょっと待って、もう一度ここまでの説明を読み直して理解してください。

　いいでしょうか。では、次の命題PとQを並べてみましょう。

P：すべてのＦはＧだ

　　Q：すべてのＦは not Ｇだ

　一見するとＰとＱは矛盾しているように見えますが、実はそうではありません。ＰとＱが両方とも真になることがありうるのです。同じ教師が同じ授業について「レポートを出した人は全員合格だった」と「レポートを出した人は全員不合格だった」を両方言って、しかも両方とも真なんてことがあるのでしょうか。まともな会話ではそういうことはありえないでしょうが、論理学の世界ではありうるのです。

　「すべてのＦはＧだ」と「すべてのＦは not Ｇだ」がともに真だとしてみましょう。そして、「Ｆが存在する」を仮定します。背理法の仮定です。なんだっけそれ、という人、第10章を復習してください。ひとことで言えば、あることを仮定してそこから矛盾が導かれたならば、その仮定の否定を結論できる、という論法です。

　Ｆが存在すると仮定すると、すべてのＦはＧだということから、存在するそれはＧということになります。また、すべてのＦは not Ｇでもありますから、存在するそれは not Ｇということにもなります。とすると、「Ｇであり、かつ、not Ｇである」ものが存在することになります。これは矛盾です。ですから、背理法を適用して、仮定が否定されます。仮定は「Ｆが存在する」でしたから、結論されるのは「Ｆは存在しない」です。つまり、ＰとＱがともに真だとすると、そこから「Ｆは存在しない」が結論されるというわけです。

　すると例えば論理学の教師が今学期の論理学の授業について、「レポートを出した人は全員合格でした」と「レポートを出した人は全員不合格でした」を両方言ったとすると、ふつうはあの先生なに言ってんだということになるでしょうが、論理学的には、つまりレポートを出した人はいなかったのだ、ということになるわけです。

　ですから、もし私が「私のことを好きな人は人を見る目がある人だ」と言い、同時に「私のことを好きな人は人を見る目がない人だ」と言ったならば、矛盾したことを言っているとは思わないで、ああこの人を好きな人は存在しないんだなと結論してください。

13-4 「も存在する」は「が存在する」より多くを言っている

「すべてのFはGだ」を否定すると「あるFはnot Gだ」になります。このことは全称と存在のド・モルガンの法則として説明しました。しかしその後で問題をやると、そうですね、100人ぐらいの授業だとたいてい何人かは同じまちがいをします。ちょっと問題を出してみましょう。

問題12 次の全称命題Pの否定not Pをド・モルガンの法則を使って存在命題の形に書き換えなさい。（全称命題の否定は存在命題の形で、存在命題の否定は全称命題の形で書くこと。）
　　　P：すべての哲学者は怠け者だ。

　Pが偽になるのは、怠け者ではない哲学者が少なくとも一人はいるという場合ですから、not Pは「ある哲学者は怠け者ではない」、あるいは「怠け者ではない哲学者がいる」となります。（より慎重に書くならば「怠け者ではない哲学者が少なくとも一人いる」となりますが、そのあたりはそんなに神経質にならなくともよいでしょう。）100人の授業で数人はいると言ったまちがいは、not Pを「怠け者ではない哲学者も・い・る・」とするものです。あなたはどうでしたか？

　どこが違うかというと、「が」と「も」の違いです。「怠け者ではない哲学者もいる」という言い方は「怠け者の哲学者もいる」ということを含むでしょう。しかし、P「すべての哲学者は怠け者だ」が偽になるのは、そういう場合だけではありません。怠け者ではない哲学者ばかりがいるという場合も、Pは偽になります。「怠け者ではない哲学者もいる」という言い方をすると「も」のおかげで「怠け者の哲学者もいる」という含みが出てしまい、怠け者ではない哲学者ばかりがいる場合を排除してしまっているのです。そういうわけで、「すべての哲学者は怠け者だ」の否定は「怠け者ではない哲学者が・い・る・」であって、「怠け者ではない哲学者も・い・る・」ではありません。注意してください。

では、以上のことに注意して、問題をやってみましょう。

練習問題 26 命題 P の否定と同値な命題を①〜③から選びなさい。

P：このクラスの学生は誰もメガネをかけていない。

① このクラスの学生は全員メガネをかけている。

② このクラスの学生の中にメガネをかけていない人がいる。

③ このクラスの学生の中にメガネをかけている人がいる。

練習問題 27 命題 P の否定と同値な命題を①〜③から選びなさい。

P：哲学書の中には難しくないものがある。

① 哲学書の中には難しいものがある。

② あらゆる哲学書は難しい。

③ あらゆる哲学書は難しくない。

練習問題 28 命題 P の否定をド・モルガンの法則を使って書き換えなさい。（全称命題の否定は存在命題の形で、存在命題の否定は全称命題の形で書くこと。）

(1) P：B 型の人はみんなわがままだ。

(2) P：卵生ではない鳥がいる。

練習問題 29 次の(1)〜(4)と同値になる命題を(a)〜(d)からそれぞれ選びなさい。

(1) すべての哲学者は怠け者だ。

(2) すべての哲学者は怠け者ではない。

(3) すべての哲学者が怠け者というわけではない。

(4) すべての哲学者が怠け者ではないというわけではない。

(a) 哲学者の中に怠け者がいる。

(b) 哲学者の中には怠け者はいない。

(c) 哲学者の中には怠け者ではない人がいる。

(d) 哲学者の中には怠け者ではない人はいない。

練習問題 30　次の推論が演繹として正しいならば〇、誤りならば×をつけなさい。

(1) ンドゥールさんはB型だが、わがままではない。

　　それゆえ、B型の人がみんなわがままだというわけではない。

(2) B型の人がみんなわがままだというわけではない。有田さんはB型だ。

　　それゆえ、有田さんはわがままではない。

(3) B型の人でわがままではない人などいない。泉さんはB型だ。

　　それゆえ、泉さんはわがままだ。

(4) B型の人でわがままではない人などいない。瓜生さんはわがままだ。

　　それゆえ、瓜生さんはB型ではない。

14　全称と存在を組み合わせる

14-1　全称と存在を組み合わせた命題の意味

　「誰もが誰かを愛している」という命題には「誰もが」と「誰かを」が含まれています。つまり、この命題は単純な全称命題や存在命題ではなく、全称と存在を組み合わせたものになっています。あるいは、「日本の鉄道のすべての駅に下車した人がいる」という命題も全称「すべて」と存在「ある」を組み合わせた命題です。このような命題もけっして珍しいものではありません。

　論理学では命題に「すべて」と「ある」をつけることを「量化」と呼ぶのだと、先にちょっと言っておきました。いや、忘れていてくれてかまわないのですが、ここでもひとこと第Ⅱ部の先取りをしておくと、こんなふうに全称と存在を複数組み合わせることを論理学では「多重量化」と言います。でも、これもいまは忘れてしまってかまいません。(じゃあ言うなよ、と言われそうですが、忘れてもいいと言いながら、ちょっとは覚えていてくれるといいなどと虫のいいことを思っていたりもするのです。) と

もあれ、ここでは「全称と存在を組み合わせる」というベタな言い方をすることにします。

　例えば、「x は y を愛している」という形の命題を考えてみましょう。「x は y を愛している」は「y は x に愛されている」と同じ意味です。ここに「すべて」や「ある」をつけてみます。いま、x も y も人間だとしておきましょう。すると、x と y のそれぞれに対して「すべて」か「ある」をつけることができて、「すべての人はすべての人を愛する」とか「すべての人はある人を愛する」といった命題が作れます。何種類の命題が作れると思いますか？　ちょっと問題にしてみましょう。

問題13　「x は y を愛している」に「すべて」と「ある」を用いて命題を作りたい。何通りの命題が可能か。

　4通りと答えた人、惜しいですが、不正解です。8通りと答えた人、悪くありません。不正解ですが、正解にしてあげたいぐらいです。6通りと答えた人、いますか？　すごいです。大正解。いや、こんな単純な問題でも案外難しいんですね。説明しましょう。

　実際に命題を書き出してみます。ここでは x も y も人間としましょう。すると「すべての人がすべての人を愛している」なんて命題が作れます。この調子で「すべて」と「ある」を使ってできるかぎりの命題を作ってみてください。4通りと答えた人が書き出したのは次の四つではないでしょうか。

　　　すべての人はすべての人を愛している
　　　すべての人はある人を愛している
　　　ある人はすべての人を愛している
　　　ある人はある人を愛している

　しかしここで「すべての人はある人に愛されている」という命題の可能性を思いついた人もいるでしょう。そうすると、上の四つに次の四つが加わります。

すべての人はすべての人に愛されている

すべての人はある人に愛されている

ある人はすべての人に愛されている

ある人はある人に愛されている

　こう考えた人は8通りと答えたでしょう。しかし、「すべての人はすべての人を愛している」と「すべての人はすべての人に愛されている」は同じ意味なんじゃないかと、さらに考えた人もいるかもしれません。これが同じ意味かどうかはちゃんと考えてみなければ判断できません。結論だけ言えば、同じ意味です。つまり、同じ命題です。また、「ある人はある人を愛している」と「ある人はある人に愛されている」も同じ命題です。

　では、「すべての人はある人を愛している」「すべての人はある人に愛されている」「ある人はすべての人を愛している」「ある人はすべての人に愛されている」、これらはどうでしょう。めんどくさくなって投げ出したくなった人もいるかもしれません。だけど、難しい言葉は何ひとつ使っていないのに、「すべて」と「ある」を組み合わせるだけで使い慣れているはずの日本語がこんなにもややこしくなってくるって、ちょっと驚きませんか？

　こうなったらきちんと慎重に考えていくしかありません。そもそも「すべての人はある人を愛している」という日本語が曖昧なのですね。この「ある人」というのがすべての人に共通で、みんなが同じ人を愛しているのか、それともそれぞれがそれぞれに誰かを愛していて、その相手が同じかどうかは分からないというのか、はっきりしません。

　前者の場合は「すべての人が愛している、そういう人がいる」とか「すべての人に愛されている、そういう人がいる」と書いて、後者の場合には「すべての人は、それぞれ誰かを愛している」と書けばもう少し明確になるでしょう。

　第Ⅱ部になると、前者は「$\exists y \forall x \, Fxy$」と書かれますし、後者は「$\forall x \exists y \, Fxy$」と書かれます。違いは明白で書き方もシンプルです。だから私なんかはここらへんでもう第Ⅱ部にいきたくなるのですが、もう少し日本語の中で悩みましょう。いまつい見せてしまった記号は忘れてくれ

ていいです。

　というわけで、けっきょく、次の6通りの命題が区別できることになります。

　　すべての人はすべての人を愛している(すべての人はすべての人に愛
　　されている)
　　すべての人は、それぞれ誰かを愛している
　　すべての人は、それぞれ誰かから愛されている
　　すべての人を愛している、そういう人がいる
　　すべての人に愛されている、そういう人がいる
　　ある人はある人を愛している(ある人はある人に愛されている)

　さらに、これらの否定を考えたり、連言(かつ)や選言(または)や条件法
(ならば)と組み合わせたりすると、もう相当複雑なことになります。こうした命題やその否定の意味を正確に捉えることができるようになるのがこの章の目標です。

　さて、もう一度仕切り直して、一歩ずつ進んでいきましょう。最初は「すべて」と「ある」を組み合わせた命題に慣れてもらうために、話を単純化して、三人の人物a、b、cが存在し、その三人以外には存在しない場合を考えましょう。そしてxがyを愛しているとき「x → y」と書くことにします。「yはxに愛されている」も「x → y」と書けます。それから、「x → x」は「xは自分自身を愛している」という意味です。

　　　　　　　例えば左の図を見てください。

　　　　　　この図は、aがa自身とbを愛していて、bがcを
　　　　　愛しているという関係が成り立っていることを表現し
　　　　　ています。(ちなみに、このような三人の愛情関係を
　　　　　表現した図は何種類書けるかというと、512(2^9)通り
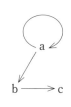
　　　　　です。たった三人で、しかも愛しているか愛していな
　　　　　いかどちらかだけという単純な愛情関係を考えても、
　　　　　これだけバリエーションがあるのですね。)
　では、このような図を利用して問題をやってみましょう。

問題 14 三人の人物 a、b、c だけを考える。次の①〜④のそれぞれの場合に、命題 P と命題 Q の真偽を答えなさい。

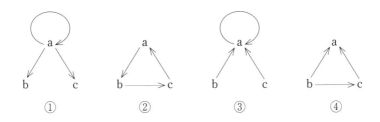

P：すべての人は、それぞれ誰かを愛している。

Q：すべての人を愛している、そういう人がいる。

問題 14 の解説

　命題 P に関して①〜④の場合はどうか、命題 Q に関して①〜④の場合はどうか、計 8 通りの場合を調べてください。

　では、まず命題 P「すべての人は、それぞれ誰かを愛している」から。

　①a は a と b と c を愛していますが、b と c は誰のことも愛していませんから、命題 P は偽。

　②a は b を、b は c を、c は a を愛していますから、全員がそれぞれ誰かのことを愛しています。命題 P は真。

　③a は a を、b と c も a を愛していますから、全員がそれぞれ誰かのことを愛しています。命題 P は真。

　④b は a と c を愛しており、c は a を愛していますが、a は誰のことも愛していませんから、命題 P は偽。

　次に命題 Q「すべての人を愛している、そういう人がいる」を見ましょう。注意してほしいのは、「すべての人を愛している」と言ったとき、論理学はその「すべて」を愚直に受けとりますから、そこには自分自身も含まれます。ですから、④の場合に b は a のことも c のことも愛していますが自分自身を愛していないので「すべての人を愛している」とは言えないのです。そうすると、命題 Q が真になるのは①の場合だけで、あとは偽になります。

問題14の解答　P：①偽　②真　③真　④偽　Q：①真　②〜④偽

　では、「すべて」と「ある」を組み合わせる残りの二つの命題に関しては練習問題にしましょう。図はいまの問題と同じものです。

練習問題31　三人の人物a、b、cだけを考える。次の①〜④のそれぞれの場合に、命題Pと命題Qの真偽を答えなさい。

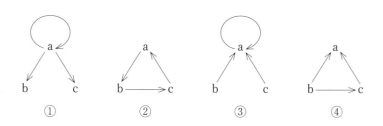

　P：すべての人は、それぞれ誰かから愛されている。
　Q：すべての人に愛されている、そういう人がいる。

問題15　次のPとQの関係として正しいものを①〜④から選びなさい。
　P：誰もがそれぞれ誰かに手紙を出した。
　Q：みんなから手紙をもらった人がいる。

① PからQが演繹でき、逆に、QからPも演繹できる。
② PからQが演繹できるが、逆は成り立たない。
③ QからPが演繹できるが、逆は成り立たない。
④ PからQは演繹できず、QからPも演繹できない。

問題15の解説と解答

　自分の身近な数名の人たちをイメージしながら、P「誰もがそれぞれ誰かに手紙を出した」が真である状況を考えてみましょう。ただし、それぞれが手紙を出した相手は同じ人とはかぎりません。その点をしっかり押さえることがだいじです。あなたはAさんに手紙を出したとして、Aさん

はBさんに手紙を出したかもしれませんし、Bさんはまた別の人に出したかもしれない。そんな状況を思い描くのです。そしてそのような状況で、Q「みんなから手紙をもらった人がいる」は必ず真になると言えるかどうか、考えます。

P「誰もがそれぞれ誰かに手紙を出した」が真であるとしても、それぞれが手紙を出した相手は同じとはかぎらないのですから、Q「みんなから手紙をもらった人がいる」は必ず真になるとはかぎりません。ですから、PからQは演繹できません。

逆にQが真である状況を考えましょう。例えばAさんがみんなから手紙をもらったとしてみます。そのときP「誰もがそれぞれ誰かに手紙を出した」はどうでしょうか。みんながAさんに手紙を出したのですから、誰もが手紙を出したわけです。つまり、Qが真のときにはPも必ず真になります。つまり、QからPは演繹できます。（ひとこと細かい注意。Aさんがみんなから手紙をもらったと考えるとき、その「みんな」の中にはAさん自身も含まれます。つまりAさんは自分自身に手紙を出しています。そうでなければQ「みんなから手紙をもらった人がいる」からP「誰もがそれぞれ誰かに手紙を出した」は演繹できません。）

正解は③です。

練習問題32 次のPとQの関係として正しいものを①〜④から選びなさい。

P：誰もがそれぞれ誰かに手紙を出した。

Q：誰もがそれぞれ誰かから手紙をもらった。

① PからQが演繹でき、逆に、QからPも演繹できる。
② PからQが演繹できるが、逆は成り立たない。
③ QからPが演繹できるが、逆は成り立たない。
④ PからQは演繹できず、QからPも演繹できない。

率直に言って、私はこの問題を解こうとする学生たちの困った顔が目に浮かぶのです。ホイホイ正解できる学生もきっといるでしょう。でも、ど

うやって正解に辿り着けばよいのか途方に暮れる学生も確かに少なくないのです。そしてそんな困った学生たちを見て、先生も困ってしまうのです。というのも、どうアドバイスすれば彼らを正解に導けるのか、よく分からないのです。

　かろうじて言えることは、身近なところで具体的に考えてみようということです。「誰もがそれぞれ誰かに手紙を出した」のですから、教室にいる人たちがみんな誰かに手紙を出したのだなと考えましょう。注意すべきは、そのとき、全員が同じ人に手紙を出すといった極端な場合も押さえておくことです。

　「誰もがそれぞれ誰かから手紙をもらった」とあれば、教室にいる人たちがみんな誰かから手紙をもらったのだなと考えましょう。ここでも注意しなければいけないのは、みんなが同じ人から手紙をもらったというような極端な場合も想像しておくことです。

　さて、これでどうでしょう。考えが進みましたか？　「やっぱりだめだあ」という人、私からのアドバイスは、「こうした文の意味を正確に捉えることがいかに難しいかを実感できれば、ここはそれでかまわない」というものです。実際、第Ⅰ部は第Ⅱ部で論理学の言葉を学ぶための動機づけという役割をもっていますから、このあたりの問題がうまく考えられないという人はむしろ日常の言葉から離れて論理学の言葉に向かう動機をいっそう強くもつことになるとも言えるのです。

練習問題 33　次のＰとＱの関係として正しいものを①〜④から選びなさい。
　Ｐ：すべての人を愛している、そういう人がいる。
　Ｑ：すべての人は、それぞれ誰かから愛されている。

　① ＰからＱが演繹でき、逆に、ＱからＰも演繹できる。
　② ＰからＱが演繹できるが、逆は成り立たない。
　③ ＱからＰが演繹できるが、逆は成り立たない。
　④ ＰからＱは演繹できず、ＱからＰも演繹できない。

14-2　全称と存在を組み合わせた命題に
ド・モルガンの法則を適用する

　全称と存在を組み合わせた命題を否定すると、全称と存在のド・モルガンの法則を複数回適用することになります。たんにド・モルガンの法則を繰り返し適用するだけなのですが、落ち着いてやらないとなんだかよく分からないことになってしまうかもしれません。

　まず、全称と存在のド・モルガンの法則をおさらいしておきましょう。唱えるおまじないは「全称の否定は否定の存在・存在の否定は否定の全称」です。

全称と存在のド・モルガンの法則

　(1) not(すべての F は G だ)≡ある F は not G だ

　(2) not(ある F は G だ)≡すべての F は not G だ

問題16　命題 P はあるときの体育祭についての発言である。P の否定 not P と同値な命題を①〜④から選びなさい。

　P：すべての学生がどれかの競技に参加した。

　① ある学生はどの競技にも参加しなかった。

　② どの競技にも参加しなかった学生はいない。

　③ すべての競技に参加した学生はいない。

　④ すべての学生がどの競技にも参加しなかった。

　さっきも言ったように、ここらへんはむしろ記号化した方が楽なのですが、ここではまだ日本語で考えていきましょう。全称と存在の順番がはっきりするように、適当に括弧を使って整理しながらド・モルガンの法則を適用していきます。

問題 16 の解説と解答

not P ≡ not(すべての学生がそれぞれ(どれかの競技に参加した))

   ≡ ある学生は not(どれかの競技に参加した)

   ≡ ある学生はすべての競技に参加しなかった

 ですから、答えは①です。

 まあ、あまり難しく考えなくても、次の会話はすんなり納得できるのではないでしょうか。これがすんなり納得できるならば、問題 16 もだいじょうぶということです。

 「全員どれかの競技に参加したんでしょう？」

 「いや、そうでもないんだ」

 「どの競技にも参加しなかった学生がいたの？」

 「うん。いたね」

練習問題 34　命題 P はあるときの体育祭についての発言である。P の否定 not P と同値な命題を①～④から選びなさい。

　P：ある学生はすべての競技に参加した。

　① ある学生はどの競技にも参加しなかった。

　② どれかの競技に参加しなかった学生がいる。

　③ すべての学生はそれぞれどれかの競技に参加しなかった。

　④ すべての学生がどの競技にも参加しなかった。

練習問題 35　命題 P の否定 not P と同値な命題を①～④から選びなさい。

　P：誰でも少なくとも一冊は本を読んだことがある。

　① 一冊も本を読んだことがない人はいない。

　② 一冊も本を読んだことがない人がいる。

　③ 誰でも、すべての本を読んだわけではない。

　④ 全員、一冊も本を読んだことがない。

　　　　　|　日常の言葉に論理が生きている

15 第Ⅰ部の復習

これで第Ⅰ部は終了です。第Ⅱ部に行く前に、最小限の確認をしておきましょう。用語を見ただけで説明ができればそれにこしたことはありませんが、いまは選択問題の形式にしておきます。

練習問題 36 次の用語の意味として適当なものを選びなさい。

(1) 命題
　① 有意味な文のこと。
　② 真偽が言える文のこと。

(2) 演繹
　① 前提が真であると認めたならば結論も真だと必ず認めねばならない推論のこと。
　② 真である前提から真である結論を導く推論のこと。

(3) 同値 $(P \equiv Q)$
　① P が真の場合に Q も必ず真になり、Q が真の場合に P も必ず真になるとき、P と Q は同値であると言い、「$P \equiv Q$」と書く。
　② 命題 P の意味が命題 Q によって定義され、逆に、命題 Q の意味が命題 P によって定義され、それらの定義が循環しているとき、P と Q は同値であると言い、「$P \equiv Q$」と書く。

(4) 命題 P の否定
　① 命題 P が真のとき必ず偽になる命題。
　② 命題 P が偽であるすべての場合を主張する命題。

(5) 二重否定

　① 一つの命題の中に否定が二回現われること。

　② ある命題を二回繰り返し否定すること。

(6) 連言

　① PもQも両方とも真。「PかつQ」が代表的な連言の表現。

　② PかQの少なくとも一方が真(両方真でもよい)。「PまたはQ」
　　が代表的な連言の表現。

(7) 選言

　① PもQも両方とも真。「PかつQ」が代表的な選言の表現。

　② PかQの少なくとも一方が真(両方真でもよい)。「PまたはQ」
　　が代表的な選言の表現。

(8) 矛盾

　① 命題PとPの否定の連言。

　② 命題PとPの否定の選言。

(9) 排中律

　① 命題PとPの否定の連言。

　② 命題PとPの否定の選言。

練習問題 37　次の用語の意味として適当なものを①〜③の内から選びなさい。

　(1) 単称命題

　　① ある集合に属するものの中にしかじかであるものが存在すると述べる命題。

　　② 特定の個々のものについてしかじかであると述べる命題。

　　③ ある集合に属するすべてのものについてしかじかであると述べる命題。

(2) 全称命題

　① ある集合に属するものの中にしかじかであるものが存在すると述べる命題。

　② 特定の個々のものについてしかじかであると述べる命題。

　③ ある集合に属するすべてのものについてしかじかであると述べる命題。

(3) 存在命題

　① ある集合に属するものの中にしかじかであるものが存在すると述べる命題。

　② 特定の個々のものについてしかじかであると述べる命題。

　③ ある集合に属するすべてのものについてしかじかであると述べる命題。

II

論理を扱う記号言語を作り出す

16 論理学とはどういう学問か

　ひとことで言ってしまえば、論理学というのは演繹を体系的に理論化する学問です。そして第Ⅱ部では、命題論理と述語論理という体系を取り上げます。述語論理は命題論理を含み、それを拡張したものですから、たんに述語論理をやると言うこともできます。

　でも、述語論理だけが論理学ではありません。述語論理が扱う演繹だけが演繹のすべてではなく、演繹にはもっとさまざまなものがあるからです。そこで、述語論理に入っていく前に、まずはより一般的に論理学というものについて述べておきましょう。

16-1　演繹は形式がだいじ

　次の二つの演繹を比べてみてください。何か気がつきませんか？

例35　海老沢さんか大島さんが来る。海老沢さんは来ない。それゆえ、
　　　　大島さんが来る。

例36　片桐さんは論理学か宗教学のどちらかの授業はとっている。片桐
　　　　さんは論理学の授業はとっていない。それゆえ、片桐さんは宗教
　　　　学の授業をとっている。

　違う命題を扱ってはいても、例35も例36も演繹として同じ形をしていることが見てとれないでしょうか。二つの例とも、次の形式をしています。これを「消去法の形式」と呼んでおきましょう。

［消去法の形式］　　P または Q。P ではない。それゆえ、Q

　例35と例36でP とQ に相当する命題は何でしょうか。

　例35でP は「海老沢さん」でQ は「大島さん」だと考えた人はいませんか？　その人はP とQ が「命題」だということ、そして命題とは真偽が言える文のことだということを思い出してください。「海老沢さん」だけでは命題にはなりません。

　P とQ は真とか偽とか言える文ですから、例35では「海老沢さんか大島さんが来る」は「海老沢さんが来る、または、大島さんが来る」であると考えて、P は「海老沢さんが来る」、Q は「大島さんが来る」となります。同様に、例36ではP は「片桐さんは論理学をとっている」、Q は「片桐さんは宗教学をとっている」となります。

　そして、消去法の形式に従ってさえいれば、P とQ にどのような命題をあてはめても、それは演繹として正しい推論になります。消去法の形式をもつ演繹の例をもっと挙げてみましょう。

例37　スカイツリーがあるのは台東区か墨田区だ。スカイツリーがあるのは台東区ではない。それゆえ、スカイツリーがあるのは墨田区だ。

　さらに言えば、演繹とは「前提が真であると認めたならば結論も真だと必ず認めねばならない推論」のことですから、前提が本当は偽であってもかまいません。そこで次のようなものも、前提も結論もめちゃくちゃですが、演繹としては正しいものとなります。

例38　イワシは両生類か爬虫類だ。イワシは爬虫類ではない。それゆえ、イワシは両生類だ。

　こうした演繹が正しいのは、それが「消去法の形式」をもっているからです。だとすれば、演繹を研究する論理学としては、P とQ にどんな命題が入るかを問題にするのは無駄だということになります。演繹にとって重要なのはその形式なのです。

問題17　次の二つの演繹①と②に共通する形式を取り出しなさい。

①このお茶が特定保健用食品であるならば、このお茶にはトクホマークがついている。このお茶にはトクホマークがついていない。それゆえ、このお茶は特定保健用食品ではない。

②この店が回転寿司ならば、寿司が客席の前をまわっている。この店は寿司が客席の前をまわっていない。それゆえ、この店は回転寿司ではない。

　実は、この問題は正解がいくつもあります。例えば、①も②も二つの前提から結論を導く三段論法なので「P。Q。それゆえ、R」という形式をもっています。あるいは、「aがbであるならばaはcである。aはcではない。それゆえaはbではない」なんていう形式を取り出した人も、もしかしたらいるかもしれません。

　でも、いまは①と②が対偶論法の形式をもっていることに注目しましょう。そして、多くの人が①と②に共通の形式として対偶論法を取り出したのではないでしょうか。つまり、次の形式です。

[対偶論法の形式]　　Pならば Q。Qではない。それゆえ、Pではない

　対偶論法は正しい演繹の形式です。①と②が正しい演繹なのは、それが対偶論法の形式をもっているからなのです。

16-2　論理学を理解するには「論理定項」が最重要概念

もう一度消去法の形式を取り上げましょう。

　　PまたはQ。Pではない。それゆえ、Q

　この形式の推論が正しい演繹になるのは、PやQに入る命題の内容のおかげではありません。PやQはどんな命題でもかまいません。ですから、PやQは具体的な命題を表わすのではなく、とにかく何か命題なんだということだけを示す記号です。

ただし、具体的な命題を入れるときには、同じ記号には同じ命題を入れます。消去法の形式にはPという記号が2回出てきますが、両方に同じ命題を入れてください。Qも同様です。

　消去法の形式で、「または」と「ではない」の部分は他のものに置き換えると演繹の形が変わってしまいます。例えば、「または」を「ならば」に変えて次のような推論の形式を作ってみましょう。

　　　PならばQ。Pではない。それゆえ、Q

これは正しい演繹ではありません。

　つまり、消去法の形式においてPやQはどのような命題を入れてもよいのですが、「または」と「ではない」は他の言葉に変えてしまったら、それはもう消去法にはならないわけです。

　消去法の形式における「または」と「ではない」のように、その演繹を特徴づける部分を「**論理定項**」と呼びます。「その演繹を特徴づける」というのがもうひとつ分かりにくいかもしれません。論理定項についてはもう少し説明を続けます。とりあえず、「その演繹を特徴づける部分」と押さえておいてください。消去法の形式の場合には、論理定項は「または」と「ではない」です。

問題18　対偶論法の形式において、論理定項は何か。

　対偶論法の形式は「PならばQ。Qではない。それゆえ、Pではない」でした。論理定項は「ならば」と「ではない」です。

....

質問　「それゆえ」は論理定項じゃないんですか？
答え　違います。論理定項ではありません。

....

　論理定項というのはその演繹を特徴づける部分です。「それゆえ」は前提と結論をつなぐ目印であって、どんな演繹にも必要となります。とくにその演繹を特徴づける要素ではありません。

例えば、「それゆえ」を使う代わりに次のように書くこともできます。

$$
\begin{array}{l}
\text{P ならば Q} \\
\text{Q ではない} \\
\hline
\text{P ではない}
\end{array}
$$

このように書いたとしたら、この横線「——」を論理定項だと言いたくはならないでしょう。「それゆえ」はこの横線と同じ役割なのです。

別の例を見てみましょう。

例39　太郎は次郎の兄である。花子は次郎の子である。それゆえ、太郎は花子の伯父である。

これは二つの前提が真ならば結論も必ず真になる推論ですから、正しい演繹です。

この演繹の正しさにとって、「太郎」「次郎」「花子」の部分は別の名前に取り換えてもかまいません。そこで、先に命題のときに「なんでもいいのですが、とにかくこれは命題なのです」という意味で命題をP、Qという記号で表わしましたが、ここでも名前の部分を「とにかくこれは何かの名前なのです」ということだけを意味するように記号で表わすことにします。すると、この演繹の形式は次のようになります。

aはbの兄である。cはbの子である。それゆえ、aはcの伯父である。

この演繹を特徴づける言葉は、「…は…の兄である」「…は…の子である」「…は…の伯父である」となります。つまりこれが、この演繹の論理定項です。

....

質問　大文字のP、Q、Rを使ったり、小文字のa、b、cを使ったり、何か使い分けてるんですか？

答え　命題は大文字、名詞は小文字にしていますが、気にしなくていいです。

練習問題 38　次の演繹の形式を書き、論理定項を取り出しなさい。

　花子は太郎の子である。それゆえ、太郎は花子の親である。

　さて、次の問題はきっとまちがえる人がいると思います。でも、それは私がまだきちんと説明していないからで、説明する前にちょっとまちがえてもらおうという算段なのですね。ぜひ、まちがえてください。

問題 19　次の演繹の形式を書き、論理定項を取り出しなさい。

　明日授業がないならば、明日私は大学に行かない。明日は授業はない。それゆえ、明日私は大学に行かない。

　例えば例 39 では「…は…の兄である」という言葉が論理定項でした。では、次の演繹で論理定項は何でしょうか。

例 40　　海彦は山彦の弟であるか、または兄である。海彦は山彦の弟ではない。それゆえ、海彦は山彦の兄である。

　この演繹は消去法の形式です。つまり、「P または Q。P ではない。それゆえ、Q」という形式です。ということは、論理定項は「または」と「ではない」です。例 39 では「…は…の兄である」が論理定項でしたが、この演繹では「…は…の兄である」は論理定項ではありません。論理定項とはその演繹を特徴づける言葉ですから、ある演繹で論理定項だった言葉が、別の演繹では論理定項としては働いていないということが起こりうるのです。

　さて、問題 19 を見ましょう。私の期待したまちがいは、こうです。この演繹は「P ではないならば、Q ではない。P ではない。それゆえ、Q ではない」という形式で、論理定項は「ならば」と「ではない」だ、と。どうでしたか？　こう答えた人、けっこういたのではないですか？　もちろん、それは私がまだ説明をしていなかったからで、まちがえた人の責任ではありません。正解はこうです。「P ならば Q。P。それゆえ、Q」

　P が「明日は授業がない」、Q が「明日私は大学に行かない」です。確

かにここには「ではない」という否定の言葉が使われています。しかし、この演繹では「ではない」は演繹が成り立つのに役立っていません。問題19の演繹は「明日授業があるならば、明日私は大学に行く。明日は授業がある。それゆえ、明日私は大学に行く」と同じ形式です。つまり、「ではない」はこの演繹を特徴づける言葉ではありません。

このように論理定項というのは、ある一つの演繹に対して、その演繹を特徴づける言葉なのです。だから、ある演繹で論理定項として働いていた言葉が、別の演繹では論理定項としては働いていないということも起こりうるのです。あくまでも、その演繹に即して、その演繹を特徴づけているのはどの言葉なのかを見抜いてください。

では、問題をやってみますが、問題19のようなまちがいに注意してください。その演繹の正しさを説明するのになんの役割も果たしていない言葉は論理定項として残しておく必要はありません。演繹の形式を取り出すときには、他のものに変えてもよい部分は目いっぱい大きくとりましょう。

練習問題 39　次の演繹の形式を書き、論理定項を取り出しなさい。

(1) 菊田さんは女優だ。それゆえ、菊田さんは俳優だ。

(2) ペンギンに羽毛があるならば、ペンギンは鳥だ。ペンギンが鳥ならばペンギンにはヘソがない。それゆえ、ペンギンに羽毛があるならば、ペンギンにはヘソがない。

繰り返しますが、演繹の正しさはその演繹がもつ形式によります。その形式にどのような具体的な内容を代入するかは演繹の正しさに影響しません。このため、論理学は「形式論理」と呼ばれもします。ところが、ときに「実質が伴わない机上の空論」みたいな意味で「形式論理」と言われたりすることがあります。「君の言ってることはたんなる形式論理にすぎない」のように。私たちがここでやろうとしている論理学を「形式論理」と言うのはそういう悪口めいた意味ではありません。演繹はその形式によって成り立っており、それゆえ演繹を扱う論理学はどうしたって形式論理なのです。

そして、演繹の形式を定めるのが、論理定項です。

16-3 論理の本質は言葉の意味にある

少し哲学的に考えてみましょう。「哲学的に」というのは、ふだんは考えないような根本的な問いをあえて発してみようというわけです。演繹とは、前提が真ならば結論も必ず真になる推論であると言いました。では、前提が真ならば結論も必ず真になるのはなぜでしょうか？

例えば「菊田さんは女優だ」が真ならば「菊田さんは俳優だ」も必ず真になります。なぜでしょうか？

いや、答えは難しくありません。「女優」という言葉が「俳優」という意味を含んでいるからです。(もっと「哲学的な」人はこの答えでは満足しないかもしれませんが、私としてはこの答えで十分です。)同様に、「太郎は次郎の兄である。花子は次郎の子である」が真ならば「太郎は花子の伯父である」も必ず真になるのは、「親の兄」という言葉が「伯父」を意味しており、「aはbの子である」が「bはaの親である」を意味するからです。

このように、演繹とは、結論で言われることが前提の意味のうちに含まれているような推論なのです。前提で意味している内容を越えたことは結論において何ひとつ述べられていません。結論の内容はすべて前提の意味のうちにすでに含まれていたのです。それゆえ、前提が真ならば結論も必ず真になるわけです。

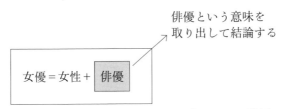

菊田さんは女優だ。それゆえ、菊田さんは俳優だ。

Ｐの意味のうちにＱの意味が含まれるとき、「ＰがＱを含意する」と言います。(ＰとＱを合わせたもののうちにＲの意味が含まれるときは、「ＰとＱがＲを含意する」と言います。前提が3個以上のときも同様です。)

では、「PまたはQ。Pではない。それゆえ、Q」の場合にはどうなのでしょうか。この場合もまた、前提のうちに結論が含意されていると見るべきなのです。

Qという意味を
取り出して結論する

PまたはQ。Pではない。

PまたはQ。Pではない。それゆえ、Q

　「PまたはQ」は「PかQの少なくともどちらかは真だ」ということを意味しています。「Pではない」は「Pは真ではない」を意味しています。とすると、残るはQだけとなります。そこで、Qが結論されるわけです。消去法は、この演繹の論理定項である「または」と「ではない」の意味によって成立する演繹なのです。

　「論理定項」と「含意」という用語を使えば、「演繹において、前提が真ならば結論も必ず真になるのはなぜか？」という問いにこう答えることができます。

　——その演繹を特徴づける論理定項の意味によって、前提が結論を含意するから。

　いままで論理定項について、「その演繹を特徴づける部分」としか言ってきませんでしたが、ここまでの考察から、もう少し説明を付け加えられそうです。論理定項とは、「その演繹を特徴づけ、演繹の正しさを説明してくれる言葉」のことです。とりあえず私たちとしてはこのくらいの説明でよしとしておきましょう。

覚えてほしい用語
論理定項：その演繹を特徴づけ、演繹の正しさを説明してくれる言葉

16-4　論理定項が論理学の守備範囲を決める

　どんな言葉でも、その言葉の意味によって演繹が成立するならば、その言葉はその演繹において論理定項として働いています。そこで、単純に言い切ってしまうならば、ある言葉を選び出して、その言葉を論理定項として成り立つ演繹を体系的に理論化すれば、そこに論理学ができます。これが論理学の作り方です。

　例えば、「親・子」「祖父・祖母・孫」「兄・弟・姉・妹」「伯父・伯母」「叔父・叔母」といった親族語を取り上げ、その意味によって成り立つ演繹をまとめれば、それも一つの ── 「親族語論理」とでも呼べる ── 論理学です。ある土地や文化ではとほうもなく複雑な親族語論理を用いていたりしますが、日本語に関して言えば、親族語論理の研究はたいした手間もなくすぐに完成するのではないでしょうか。

　そこで、私たちがこれから見ていこうとしている論理学は、「汎用性」を重視しています。つまり、何にでも使える、どんな学問であろうとこの言葉を使わないではいられないだろうという言葉を論理定項として選ぶのです。親族語は親族関係を語るときにしか使いません。しかし、例えば否定語「ではない」はあらゆる話題において登場します。数学でも生物学でも社会学でも哲学でも、あるいは世間話でも、否定語は用いられます。このような汎用性が、これから私たちが見ていく論理学、命題論理と述語論理の求めるものとなっているのです。

　しかし、だからといって演繹を成り立たせる言葉は命題論理と述語論理の論理定項だけに限られるわけではありません。あらゆる言葉がその言葉に即して演繹を成り立たせ、それゆえ論理学の対象になりえます。とはいえ、まずは汎用性のあるものからやろう、ということなのです。

　あらかじめ述べておきましょう。「ではない」「かつ」「または」「ならば」を論理定項として成り立つ演繹を扱う論理学が、「命題論理」と呼ばれる論理学です。そしてそれに「すべて」と「ある（存在する）」を論理定項に加えた体系が「述語論理」と呼ばれる論理学です。

　これらの言葉は第Ⅰ部で扱ってきました。しかし、日常の言葉は厳格な

論理を表現するには曖昧だったり多義的だったりして、もうひとつ使いにくい。そこで、演繹を表現する専用の言語を作ろうというのです。第Ⅰ部でも述べておいたように、人工的に作った言語は「人工言語」と呼ばれ、自然発生的に成立した言語は「自然言語」と呼ばれます。論理学とは、自然言語から論理定項を選び出して、その言葉に対する演繹専用の人工言語を作る学問だと言ってもよいでしょう。

　ただし誤解してほしくないのですが、自然言語(例えばこの本の読者がふだん使っている日本語)は非論理的だと言いたいのではありません。論理学で取り上げられる論理はすべてもともと自然言語である日常の言語の内に含まれているものです。いわば、自然言語は豊かすぎるのです。あまりに豊かなので、かえって論理が捉えにくくなっている。だから、自然言語の中から演繹に関わる側面だけを抽出して人工言語を作ろうというわけなのです。

　さあ、それでは実際に論理学の中に入っていきましょう。まずは命題論理という言語を見ます。先に述べたように、命題論理が扱う論理定項は「ではない」「かつ」「または」「ならば」です。「ではない」はある命題を否定するものですし、「かつ」「または」「ならば」は命題と命題をつなぐ言葉です。ですから、この四つを論理定項とする論理学は「命題論理」と呼ばれるのです。

17　否定の意味

　最初に否定の言葉「ではない」の論理定項としての働きを見ていくことにしましょう。

　命題Pの否定を「¬P」と書きます。(他の書き方もありますが、この本ではこの書き方を使います。)

質問 なんでこんなへんてこな記号を使うんですか？ Ｐの否定は「Ｐではない」でいいじゃないですか。（ちょっと怒っている。）

答え その答えはもう少し待ってください。でも、けっして「ではない」と４文字書くのをめんどくさがって「¬」にしているわけではありません。

質問 第Ⅰ部で「not」という書き方をしたじゃないですか。それと「¬」は同じものですか？

答え まあ同じものと言ってもよいのですが、第Ⅰ部ではまだ人工言語を導入せずに自然言語だけでやりたかったんですよ。だったら「not」なんか使わないで「ではない」でやればいいのですが、そうすると二重否定とかド・モルガンの法則とか、すごく見にくくなってしまって、そこで妥協案として「not」を使ったのです。つまり「not」は日常の否定の言葉の省略形で、それを命題論理としてきちんと定義したものが「¬」です。

　演繹とは、論理定項の意味によって前提が結論を含意する、そういう推論のことでした。だとすれば、演繹をきちんと取り扱うには、なによりもまず論理定項の意味を明確にしなければいけません。

　では、否定の意味とは何でしょうか。

　しかし、その前に、命題とその真偽についての話に戻らなければいけません。少し話が遠回しになりますから、迷子にならないよう、注意してついてきてください。私たちが見ていく命題論理における否定の意味を説明するには、「二値原理」というものについて説明する必要があります。

17-1　二値原理

　文の中には真とか偽とかきっぱり言えないようなものもあります。「うちの猫はかわいい」なども、真とか偽とかきっぱり言えないようなものでしょう。そういう文であっても、そこに演繹が成立するかぎりは、論理学の対象になりえます。でも、真偽が明確に言えるような文の方が基本的ですから、そのような文だけを扱うことにします。

　この方針は、真と偽の二つの「値」しか考えないというものなので、**「二値原理」**と呼ばれます。しかし、二値原理は、どんな論理学でも採用しなければならないものではありません。私たちがこれから見ていく標準的な論理学はこの原理を採用している、ということです。

二値原理：命題は真か偽のいずれかである

17-2　否定の定義

二値原理を前提にすれば、否定の意味は次のように定義できます。

¬P：Pが真のとき¬Pは偽、Pが偽のとき¬Pは真

少し具体例で感じをつかんでみましょう。

問題20　次の命題Pと¬Pの真偽を言いなさい。
(1)　P：富士山は日本一高い山だ。
　　¬P：富士山は日本一高い山ではない。
(2)　P：富士山は世界一高い山だ。
　　¬P：富士山は世界一高い山ではない。

答えは明らかでしょう。(1)ではPが真、¬Pが偽。(2)ではPが偽、¬P
が真です。

これが、標準的な命題論理の否定の定義です。(以後、扱うものはすべ
て標準的な論理学ですから、「標準的な」は省略してたんに「命題論理」
と言うことにします。)この定義は次のように表にして表わされます。

P	¬P
真	偽
偽	真

左にPの真偽、その右にはそれに対応する¬Pの真
偽を書きます。いまの場合、1行目が「Pが真の場合
に¬Pが偽」ということを表わし、2行目が「Pが偽
の場合に¬Pが真」ということを表わしているわけで
す。このような表は「**真理表**」と呼ばれます。

P	¬P
1	0
0	1

また、これからは「真」の代わりに「1」と書き、
「偽」の代わりに「0」と書くことにします。1と0を
使って書くと、こうなります。

質問 表にするだけならまだしも、なんで「1」とか「0」とか、記号化したがるんですか？ どんどんピンとこなくなるじゃないですか。（またちょっと怒っている。）

答え 真理表のありがたみは少し後でとてもよく実感できます。ちょっと待ってください。「1／0」は「真／偽」でもいいんですが、とくに「偽」が画数が多いので……。でもね、「1／0」は味わい深いものがあるんですよ。これも、あとで。

17-3　二重否定則

「二重否定￢￢P は P に等しい」は必ず成り立ちます。このように論理的に必ず成り立つ事柄は「**論理法則**」と呼ばれます。これは「**二重否定則**」と呼ばれる論理法則です。いまの否定の定義を用いると、二重否定則が必ず成り立つことを示すことができます。

P	￢P	￢￢P
1	0	1
0	1	0

￢P が 0(偽)のとき￢￢P は 1(真)、￢P が 1(真)のとき￢￢P は 0(偽)となります。

そこで P と￢￢P の関係を見ると、P が 1(真)のとき￢￢P も 1(真)であり、P が 0(偽)のとき￢￢P も 0(偽)。つまり、P と￢￢P は真偽という観点からはまったく同じになることが分かります。

こんなふうに真理表を使うと、二重否定則が成り立つことが明確に示せます。これは真理表を使うご利益です。このようなご利益は、このあとでますますはっきりします。真理表を使って調べるのが楽しいという人も少なくありませんから、ちょっと楽しみにしていてください。

それから、「同値」という用語を使った方がこれからの話がより見やすくなります。ちょっと復習しておきましょう。二つの命題 P と Q に関して、P が真なら Q も真であり、P が偽なら Q も偽になるとき、P と Q は「同値」であると言い、「P≡Q」と書きます。覚えていた？ それは重畳。

同値　P≡Q　P が真のとき Q も真、P が偽のとき Q も偽になること

この記号を使うと二重否定則は次のように書けます。

二重否定則　¬¬P≡P

　二重否定則は、命題が真か偽のいずれかであるという二値原理に基づいています。もし命題が真か偽のどちらかというわけではないのであれば、二重否定則は必ずしも成り立ちません。

　例えば、「駅前の上海亭はおいしい」というのは真か偽かどちらかだと言えるような文ではありません。つまり、二値原理があてはまる文ではありません。このような場合、二重否定を作ると「駅前の上海亭はおいしくないということはない」となります。これは、「駅前の上海亭はおいしい」とは意味が違うように感じないでしょうか。

　こんなふうに、日常の言葉は必ずしも二値原理に従うものばかりではありません。他方、いま私たちがやろうとしている命題論理は二値原理を前提にしています。ということは、命題論理で定義された否定は、日常言語における否定とは少し異なっているということです。「¬P」は日常言語の否定の意味の一つの側面を明確に取り出したものと言ってもよいでしょう。そこで、「これは日常言語の否定とはちょっと違うんですよ」ということを示すために、新しい記号を導入して、その意味を明確に定義するわけです。ここに、論理学が記号を用いる理由があります。でも、このような話はこのあとも出てきますし、このあとの方が記号にする理由がもっとピンときやすいかもしれません。またあとで話しましょう。

覚えてほしい用語

二値原理：命題は真か偽のいずれかである

同値：P≡Q　Pが真のときQも真、Pが偽のときQも偽になること

二重否定則：¬¬P≡P

---

18 連言と選言の意味

18-1 連言の定義

　命題と命題をつなぐ言葉の一つに連言があります。第Ⅰ部でも出てきましたが、復習しておきましょう。

　「PとQの連言」が真であるとは、PもQも両方とも真という意味です。「PかつQ」が代表的な連言の表現です。PとQの連言はP∧Qと書きます。「PかつQ」と読めばよいでしょう。

　P∧Qの定義を真理表で表わすとこうなります。

　　　　　　　　　　　　　　確認しておきましょう。

P	Q	P∧Q
1	1	1
1	0	0
0	1	0
0	0	0

　まず、1は真を表わし、0は偽を表わします。左側の2列はPとQの真偽の組み合わせの可能性を列挙したものです。PとQの真偽の組み合わせは、「両方とも真(1)、Pが真(1)でQが偽(0)、Pが偽(0)でQが真(1)、両方とも偽(0)」の4通りですから、その4通りが左側の列に並んでいます。

　右側の列には、それぞれのPとQの真偽に応じたP∧Qの真偽が書いてあります。P∧QはPもQも真(1)のときに真(1)で、それ以外は偽(0)になります。

　PとQの真偽の組み合わせは上から(1、1)(1、0)(0、1)(0、0)の順番にすることが慣例になっているようです。

　別にこの順番でなくともよいのですが、試験のときなんか、この順番を乱して答えてくる人がいて、順番が違うというだけで不正解にはできませんから、採点がやりにくくってたまりません。どうかこの順番で覚えてください。

18-2　選言の定義

　命題と命題をつなぐ言葉のもう一つは選言です。「P と Q の選言」が真であるとは、P か Q の少なくとも一方が真(両方真でもよい)という意味でした。「P または Q」が代表的な選言の表現です。

　　　　　　　　　　　　P と Q の選言は P∨Q と書きます。「P または

P	Q	P∨Q
1	1	1
1	0	1
0	1	1
0	0	0

Q」と読めばよいでしょう。

　　　　　　　　　　　　P∨Q の定義を真理表で表わすとこうなります。左側の 2 列には P と Q の真偽の組み合わせの可能性が列挙され、右側の列には、それぞれの P と Q の真偽に応じた P∨Q の真偽が書いてあります。P∨Q は P か Q のいずれかが真(1)のときに真(1)で、両方真(1)でも真(1)です。P も Q も偽(0)のときには P∨Q は偽(0)になります。

　具体例で感じをつかんでおきましょう。

問題 21　次の命題 P と Q に対して、P∧Q の真偽と P∨Q の真偽を言いなさい。
　(1)　P：フランスの首都はパリだ。
　　　　Q：イタリアの首都はローマだ。
　(2)　P：フランスの首都はパリだ。
　　　　Q：イタリアの首都はナポリだ。
　(3)　P：フランスの首都はニースだ。
　　　　Q：イタリアの首都はローマだ。
　(4)　P：フランスの首都はニースだ。
　　　　Q：イタリアの首都はナポリだ。

問題 21 の解答
　P∧Q……(1)真　(2)偽　(3)偽　(4)偽
　P∨Q……(1)真　(2)真　(3)真　(4)偽

18-3 記号を使う理由

否定のところでも述べましたが、「かつ」を「∧」と記号化し、「または」を「∨」と記号化するのは、けっして文字数の節約のためではありません。論理学の言葉は「かつ」や「または」といった日常の言葉がもっている意味の一つの側面を明確に取り出したものなのです。そのことをはっきりさせるために、記号を用います。

「∧」について説明しましょう。まず問題に答えてみてください。

問題 22 Q∧P の真理表を作り、P∧Q≡Q∧P であることを確かめなさい。

真理表を書いてみれば分かりますが、P∧Q と Q∧P は同値になります。つまり、P∧Q が真のときは Q∧P も真で、P∧Q が偽のときは Q∧P も偽になります。

P∧Q は日常言語の「P そして Q」に対応するようにも思えます。例えば問題 21 (1) ですと、P∧Q は「フランスの首都はパリだ。そして、イタリアの首都はローマだ」という日本語で表わせます。しかし、日常言語の「そして」の場合には、必ずしも「P そして Q」と「Q そして P」は同値にならないのです。例えば、「服を脱ぎ、そして風呂に入った」と「風呂に入り、そして服を脱いだ」では、異なったことを表わしています。「P そして Q」には、P の次に Q という、時間的な前後関係が入ってくることがあるのです。そのため、「P そして Q」と「Q そして P」は必ずしも同値にはなりません。

他方、いま扱おうとしている連言では「P∧Q≡Q∧P」が成り立っています。否定のときにも記号化の必要性を述べておきました。同じことがここでも言えるのです。命題論理の連言は時間的な関係を考えないようなものなので、その点を明確にするためにも、記号化して定義を与えておく必要があるのです。

あ、そうそう、問題 22 の答えを書いておきましょう。

実は、論理学をある程度分かっている人には驚かれるかもしれませんが、

初心者は案外 Q∧P の真理表が書けなかったりするのです。だから、教師はこういうところも丁寧に教えなければいけないのですね。ほんとに、初心者は思わぬところでつまずいてしまうものなのです。

　Q∧P は Q が真(1)で P が真(1)のときに真(1)で、それ以外は偽(0)になります。真理表の右の列を見て、Q も P も 1 なのは一番上の 1 行目です。だから Q∧P も一番上のところが 1 になって、あとは 0 になります。よろしいでしょうか。

問題 22 の解答

P	Q	P∧Q	Q∧P
1	1	1	1
1	0	0	0
0	1	0	0
0	0	0	0

真理表より、P∧Q≡Q∧P が言える。

　選言に対して「∨」という記号を導入する理由も説明しておきましょう。第5章で説明したことを覚えているでしょうか。選言には両立的選言と排反的選言があります。両立的選言というのは、P と Q が両方とも真のときに「P または Q」も真になるような「または」の使い方です。例えば「今度の旅行は温泉に行くか、または、海辺のリゾートに行こう」というのは、海辺のリゾートの温泉に行くのでもいいわけです。それに対して排反的選言というのは、例えば「ランチにはコーヒーまたは紅茶がつきます」というときの「または」のように、どちらか一方だけで両方はダメ。つまり、P と Q が両方とも真だと「P または Q」が偽になるような「または」の使い方です。

　さっき示した P∨Q の定義で分かるように、P と Q が両方真でも P∨Q は真になります。つまり、P∨Q は両立的選言です。

　日常言語の「または」にはいろいろな意味がありますが、その中から両立的選言という意味を取り出して、明確に定義します。ですから、ここでも、日常言語の「または」とはちょっと違うということをはっきりさせるために「∨」という記号を導入するのです。

19　論理式

　連言と否定を組み合わせてみましょう。そのとき、何を否定するのかを
明確にするために、括弧を使う必要が生じます。次の①と②を比べてみて
ください。①と②は意味が異なります。

①　¬P∧Q
②　¬(P∧Q)

　①はPだけを否定しています。それに対して②はP∧Q全体を否定して
いるのです。

①　¬P∧Q……(Pではない)かつQ
②　¬(P∧Q)……(PかつQ)ではない

　ちょっとアバウトですが、「曖昧にならないように括弧を使う」とだけ
しておけばよいでしょう。①と②のような違いにだけ、気をつけてくださ
い。例えば「お昼には天丼もカツ丼も食べなかった」と「お昼には天丼と
カツ丼の両方を食べることはしなかった」ですと、前者は「Pではない、
かつ、Qではない」という形式をもっていますし、後者は「(PかつQ)で
はない」という形式をもっています。記号で書けば、前者は¬P∧¬Qで、
後者は¬(P∧Q)となります。
　それから、使う括弧は(　)だけにします。括弧の中に括弧が入れ子にな
る場合も、とくに中括弧{　}とか大括弧[　]とかは使わないで、(　)だけ
を使います。ですから、¬(P∧¬(P∨Q))みたいな書き方になります。

練習問題 40　「串本さんが部屋にいる」を P、「玄田さんが部屋にいる」を Q で置き換えて、次の命題の形式を記号を用いて表わしなさい。

(1) 串本さんは部屋にいないが、玄田さんは部屋にいる。

(2) 串本さんは部屋にいるが、玄田さんは部屋にいない。

(3) 串本さんも玄田さんも部屋にいない。

(4) 串本さんと玄田さんと二人とも部屋にいるというわけではない。

　¬P∧Q や ¬(P∧Q) のような記号で表わされた式は「**論理式**」と呼ばれます。

　念のために言っておけば、P だけでも論理式ですし、¬P も論理式です。そしてもっともっと複雑な論理式もあります。論理式の定義は「ならば」を説明したあとでおまけとして書いておきますが、ここも「このような記号(P、Q、……や論理定項、そして括弧)を用いて表わされた式」のようにアバウトに捉えておけばいいでしょう。

　だいじなことは、論理式は命題ではないということです。つまり、論理式に対して真偽は言えないのです。これはまったくの初心者よりも少しだけ論理学を知っている人の方が「えっ、そうなの？」と思うかもしれません。例えば P∧Q は論理式ですが、P や Q は何か命題が入るのだということを表わしている記号です。ちゃんと名前を与えておきましょう。命題が入ることを表わす記号なので「**命題記号**」です。

　命題記号 P と Q に具体的な命題をあてはめると P∧Q も具体的な命題になりますが、P や Q のままではまだ P∧Q は具体的な命題にはなっていません。それは命題の形式を定めているだけなのです。ですから、例えば P に「フランスの首都はパリだ」を入れて Q に「イタリアの首都はローマだ」を入れれば、両方とも真な命題ですから、P∧Q は真な命題となりますが、P を「フランスの首都はニースだ」にすると、これは偽な命題ですから P∧Q は偽になります。

　つまり、P∧Q だけではまだ真偽は定まっていないのです。

　このように、論理式の命題記号に具体的な命題を代入して論理式全体を真偽の言える命題にすることを「**論理式を解釈する**」と言います。

練習問題 41 (1)～(5)の論理式に対して、P を「枕草子は紫式部が書いた」、Q を「源氏物語は紫式部が書いた」として解釈される命題の真偽はどうなるか答えなさい。

(1) P∧Q

(2) ¬P∧Q

(3) P∧¬Q

(4) ¬P∧¬Q

(5) ¬(P∧Q)

覚えてほしい用語

論理式：命題記号、論理定項、括弧を用いて表わされた式

解釈：論理式の命題記号に具体的な命題を代入して論理式全体を真偽
　　　の言える命題にすること

20　命題論理の論理法則(1)──否定・連言・選言に関して

20-1　矛盾律

　P∧¬P という論理式が何を意味するか分かりますか？　命題 P と ¬P の連言、そう、矛盾です。矛盾は必ず偽になるので、その否定は必ず真になります。これは「**矛盾律**」と呼ばれる論理法則です。

矛盾律……　¬(P∧¬P)

質問 あれ、¬(P∧¬P)って論理式ですよね。論理式は真でも偽でもないんじゃなかったでしたっけ?

答え その通りです。そのことをきちんと受け止めるなら、「¬(P∧¬P)はどのように解釈しても真な命題となる」と言うべきでしょう。でも、¬(P∧¬P)は解釈をまたずに真と言えるのだから命題と言ったっていいじゃないかというのであれば、それでもかまいません。たんに言い方の問題で、どっちでもたいした問題ではありません。ただ、P∧Qのような論理式は解釈しなければ真偽を言うことはできませんから、それはまだ命題ではなく、解釈してはじめて命題となります。そのことは押さえておいてください。

....

　矛盾律に対して真理表を作ってみると、矛盾律が必ず成り立つことがはっきりと見てとれます。

　これから論理的に成り立つさまざまなことを真理表によって確かめていきますので、真理表の作り方はしっかりとマスターして、複雑な論理式に対しても真理表を作れるようにしましょう。

　矛盾律に対してはこんな表を書いてください。

P	¬P	P∧¬P	¬(P∧¬P)
1	0	0	1
0	1	0	1

　書き方を説明します。

①まず、表の外枠を作りましょう。
- ・¬(P∧¬P)に含まれる命題記号はPですから、一番左側にPを書きます。
- ・¬Pがあるので、表の次の欄に¬Pを書きます。
- ・P∧¬Pがあるので、表の次の欄にP∧¬Pを書きます。
- ・表の最後の欄にいま問題にしている論理式¬(P∧¬P)を書きます。

②Pに具体的な命題を入れるとき、その命題が真か偽かだけが問題なので、真の場合と偽の場合を考えます(このことがピンとこない人は、もう少し進めばピンとくるようになるでしょう)。真は「1」と書き、偽は「0」と書きます。否定や連言の定義に従って表を埋めていきましょう。
- ・まず、表のPの下に1と0を書きます。

・否定の定義から、P が 1 のとき ¬P は 0 となり、P が 0 のとき ¬P は 1 になるので、表の ¬P の下に 0 と 1 を書きます。

・連言の定義から、P が 1 で ¬P が 0 のとき P∧¬P は 0 となり、P が 0 で ¬P が 1 のとき、P∧¬P は 0 となるので、表の P∧¬P の下に 0 を二つ続けて書きます。

・否定の定義から、P∧¬P が 0 のとき、¬(P∧¬P) は 1 となるので、表の ¬(P∧¬P) の下に 1 を二つ続けて書きます。

さて、¬(P∧¬P) の真理表から何が分かるでしょうか。

¬(P∧¬P) の命題記号 P に具体的な命題をあてはめて解釈すると、¬(P∧¬P) 全体の真偽が決まります。

P に真な命題を入れたとしましょう。真理表で P が 1 のときを見れば、¬(P∧¬P) も 1 であると分かります。

P に偽な命題を入れたとしましょう。真理表で P が 0 のときを見れば、¬(P∧¬P) はこのときも 1 であると分かります。

つまり P に真な命題を入れようが偽な命題を入れようが、いずれにせよ、¬(P∧¬P) は真になるのです。いまは真な命題か偽な命題の二つしか考えていませんから(二値原理)、これは言い換えれば、¬(P∧¬P) はどのように解釈してもつねに真になる論理式だということです。このような論理式は「**恒真式**」と呼ばれます。

このような簡単な事例では真理表を作るありがたみはあまり感じられないかもしれませんが、だんだん複雑な論理式が出てくるようになると、真理表のありがたみが実感できるようになるでしょう。お楽しみに。

20-2　排中律

論理式 P∨¬P は「**排中律**」と呼ばれ、これも P にどのような命題を入れて解釈しても必ず真になります。P か P の否定かどちらかだけで、肯定と否定の中間は排除するので「排中律」と呼ばれるわけです。

P∨¬P も、真理表を作ってみれば P が真でも偽でも P∨¬P 全体はつねに真になる、すなわち恒真式であることを明確に示すことができます。

練習問題 42 真理表を用いて P∨¬P が恒真式であることを示しなさい。

　こんどは選言「∨」の定義(98 ページ)を使ってください。P∨Q は P か Q の少なくともどちらかが真のとき、真になります。P と Q が両方偽のときは偽です。真は「1」と書き、偽は「0」と書きますが、それはもう覚えましたか？

覚えてほしい用語

恒真式：どのように解釈しても必ず真な命題になる論理式

矛盾律：¬ (P∧¬P)

排中律：P∨¬P

20-3　命題論理のド・モルガンの法則

　第Ⅰ部で連言と選言のド・モルガンの法則をやりました。ちょっと復習しておきましょう。

問題 23　次の空欄に適切な命題を書き、「かつ」か「または」を選びなさい。

(1) 小坂さんは昼食に天丼とカツ丼を両方食べたわけではない。

≡ 　　①　　、{かつ／または}、　　②　　。

(2) 佐々さんは昼食に天丼かカツ丼のどちらかを食べたということはない。

≡ 　　③　　、{かつ／または}、　　④　　。

　キャッチフレーズ的に言えば「連言の否定は否定の選言」、「選言の否定は否定の連言」です。「≡」という記号はいいでしょうか。P≡Q は「P と Q は同値である」と読んで、P が真ならば Q も真であり、P が偽ならば Q も偽であることを意味しています。

問題 23 の解答

(1) ①小坂さんは昼食に天丼を食べていない、または、②小坂さんは昼食にカツ丼を食べていない。

(2) ①佐々さんは昼食に天丼を食べていない、かつ、②佐々さんは昼食にカツ丼を食べていない。

さて、いま復習した連言と選言のド・モルガンの法則を論理式で表わすと次のようになります。

連言と選言のド・モルガンの法則

$\neg(P \land Q) \equiv \neg P \lor \neg Q$

$\neg(P \lor Q) \equiv \neg P \land \neg Q$

ド・モルガンの法則が成り立つことを真理表を用いて示してみましょう。まず、否定、連言、選言の真理表を再掲しておきます。

P	¬P
1	0
0	1

P	Q	P∧Q
1	1	1
1	0	0
0	1	0
0	0	0

P	Q	P∨Q
1	1	1
1	0	1
0	1	1
0	0	0

例 41　$\neg(P \land Q) \equiv \neg P \lor \neg Q$

真理表の書き方を説明しましょう。

①まず、表の外枠を作ります。

・$\neg(P \land Q)$ と $\neg P \lor \neg Q$ は P と Q という命題記号をもつので、一番左側に P と Q を書きます。P∧Q があるので、表の次の欄に P∧Q を書き、さらにその隣の欄にそれを否定した $\neg(P \land Q)$ を書きます。

・次に、¬P∨¬Q も同様に、まず¬P、その隣に¬Q を書き、さらに
その隣の欄に¬P∨¬Q を書きます。

②否定・連言・選言の定義に従って表を埋めていきます。

・まず、表の P と Q の下に 1 と 0 を書きます。P と Q が両方真(1、1)、
P が真で Q が偽(1、0)、P が偽で Q が真(0、1)、P と Q が両方偽(0、
0)の 4 通りの場合がありますから、それを表の P と Q の列に書いて
いきます。

・連言の定義に従って、P∧Q の列を埋めます。

・否定の定義に従って、¬(P∧Q)の列を埋めます。P∧Q が 1 のとき
¬(P∧Q)は 0 で、P∧Q が 0 のとき¬(P∧Q)は 1 です。

・次に¬P∨¬Q に移ります。まず否定の定義に従って、¬P と¬Q の
列を埋めます。そしてそれを選言の定義に従って、¬P∨¬Q の真偽
(1／0)を書きます。¬P と¬Q がともに 0 のときは¬P∨¬Q も 0 で
すが、それ以外は¬P∨¬Q は 1 になります。

P	Q	P∧Q	¬(P∧Q)	¬P	¬Q	¬P∨¬Q
1	1	1	0	0	0	0
1	0	0	1	0	1	1
0	1	0	1	1	0	1
0	0	0	1	1	1	1

さて、この真理表で¬(P∧Q)と¬P∨¬Q を比べると、1 と 0 の並び方
が同じであることが分かります。両方とも上から 0、1、1、1 です。つま
り、この二つの論理式の命題記号 P と Q にどのような命題を代入しても、
¬(P∧Q)と¬P∨¬Q の真偽は等しくなるということです。したがって、
¬(P∧Q)と¬P∨¬Q は同値と言えます。

では、¬(P∨Q)≡¬P∧¬Q の方は練習問題にしましょう。

練習問題 43 真理表を用いて¬(P∨Q)≡¬P∧¬Q であることを示しな
さい。

21 条件法の意味

21-1 条件法の定義

「PならばQ」のような形で表わされる条件文はP⊃Qと書きます。「P
ならばQ」と読めばよいでしょう。「⊃」という論理定項は「**条件法**」と
呼ばれます。条件を表わしたPは「**前件**」、帰結を表わしたQは「**後件**」
と呼ばれます。

　条件法の意味を真理表で定義するとき、少し悩ましいことがあります。
例えば次の条件文(Aとします)を考えてみましょう。

A:花子が10歳以下ならば、花子には割引がある。

　次のような場合、この条件文Aは真でしょうか、偽でしょうか。

① 花子は10歳以下である。そして、花子には割引があった。
② 花子は10歳以下である。しかし、花子には割引がなかった。
③ 花子は10歳以下ではない。それでも、花子には割引があった。
④ 花子は10歳以下ではない。そして、花子には割引がなかった。

　①の場合は条件文Aは真と言ってよいでしょう。また、②の場合には
10歳以下なのに割引がなかったというのですから条件文Aは明らかに偽
です。では、③と④はどうでしょうか。
　「花子が10歳以下ならば、花子には割引がある」という条件文は、10
歳以下ではない場合に割引があるかどうかについては何も述べていないの
ですね。10歳以下でなくとも、何か別の条件で割引があるかもしれない
し、ないかもしれない。だから、花子が10歳以下ではない場合には、割

引があってもなくても、条件文 A が偽であるとは言えません。

　ここで私たちは「二値原理」を採用していることを思い出さなくてはいけません。二値原理とは、「命題は真か偽のいずれかである」という、いま私たちが扱っている論理学における取り決めです。

　ですから、偽と言えないならば真ということになります。それが二値原理を採用した場合の、条件法の意味の定義になるのです。真理表で書くとこうなります。

P	Q	P⊃Q
1	1	1
1	0	0
0	1	1
0	0	1

　日常の言葉遣いの「ならば」の感覚からすると少し違和感がありますが、日常言語を元にした論理専用の人工言語を作ろうとしているわけで、しかも、そのさい二値原理に従うことにしています。二値原理に従わない体系もありえますから、この「⊃」の定義も唯一のものではありません。でも、いま私たちは二値原理というシンプルな捉え方を採用しているので、「⊃」の定義も上の真理表のようにします。前件 P が偽のときは、後件 Q が真であっても偽であっても P⊃Q は真。それがここでの定義です。

　ここにも、日常の言葉の「ならば」を使わずに「⊃」という記号を使う意味があります。それは日常の言葉を元にしながらも日常の言葉とは少し違いますよ、ということなのです。「⊃」の場合には「少し」ではなく、けっこう違うと言うべきかもしれません。

覚えてほしい用語
前件：条件法 P⊃Q の P の部分
後件：条件法 P⊃Q の Q の部分

　さあ、これで命題論理の論理定項の意味をすべて定義できました。まとめて書いておきましょう。忘れてしまったら、ここに戻ってきて確認してください。

否定（ではない）

P	¬P
1	0
0	1

連言（かつ）

P	Q	P∧Q
1	1	1
1	0	0
0	1	0
0	0	0

選言（または）

P	Q	P∨Q
1	1	1
1	0	1
0	1	1
0	0	0

条件法（ならば）

P	Q	P⊃Q
1	1	1
1	0	0
0	1	1
0	0	1

　すべての論理定項が定義できたところで、ちょっとおまけの補足説明を二つ付け加えておきましょう。気楽に読んでくれていいです。

21-2　コンピュータと論理回路

　真理表を電気回路にすることができます。そのような電気回路は「論理回路」と呼ばれ、コンピュータの基礎となります。
　論理回路の例を示してみましょう。

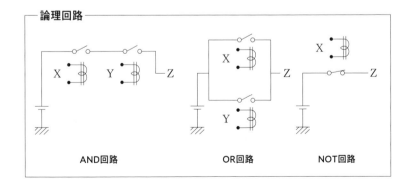

論理回路

AND回路　　　　　　　OR回路　　　　　NOT回路

AND 回路を説明しましょう。X、Y のところのクルクルした記号は電磁石です。その上にあるのがスイッチ。図ではスイッチは開いた状態、つまり、OFF の状態になっています。そこで X に電源を入れる。つまり、ON にすると、電磁石が働いて上にあるスイッチを引きつけます。そしてスイッチが閉じる。Y も同様。すると、X と Y を両方とも ON にしたときに Z に電流が流れる仕掛けで、これは X∧Y の真理表と同じです。

　ON が 1、OFF が 0 だと考えてください。すると、X と Y がともに 1 (ON)のときに全体(Z)も 1(ON)になって、それ以外は 0(OFF)というわけです。

　OR 回路は、X を ON にすると上のスイッチが閉じて、それだけで Z に電流が流れる仕組みです。Y を ON にしたときも、Y の上のスイッチが閉じるだけで Z に電流が流れます。これは X∨Y の真理表と同じです。

　そして NOT 回路は X を ON にすると電磁石がスイッチを引きつけて、スイッチは開いてしまい、Z に電流が流れなくなります。X を OFF にするとスイッチは戻って、回路がつながって Z に電流が流れます。X–ON → Z–OFF、X–OFF → Z–ON というわけですから、これは ¬X の真理表と同じです。

　まあ、こういうのが苦手な人は、とりあえず「へえ、論理ってコンピュータの基礎になるんだ」と感心してくれればそれでいいです。

21-3　論理式の定義

　いままで「分かればいいです」とアバウトなことを言ってきた論理式や括弧の使い方について、正確な定義を与えてみましょう。

　実のところ、初心者にとっては論理式が何なのかとか括弧をどう使うかはなんとなく分かればいいのであって、厳密な定義を理解しようとして嫌になってしまったらかえってよくないのですが、論理学はこういうことを四角四面にきちんとしないと気がすまない学問なのだということを知るのも悪くないでしょう。人によっては「面白い！」と思う人もいるかもしれませんし。

　さて、論理式の定義はこうです。

論理式の定義

(1) 命題記号 P、Q、R、……は論理式である。

(2) A、B が論理式のとき、次は論理式である。

　　　¬(A)

　　　(A)∧(B)

　　　(A)∨(B)

　　　(A)⊃(B)

　この定義を見てよく分からないと首を傾げる人もいるのではないでしょうか。(1)から、P、Q、R、……は論理式なのだな。まあ、それはそういう定義なのだからよしとしよう。それでも(2)はよく分からない。まだ論理式が何なのか定義されていないのに、その定義の中で「A、B が論理式のとき」って、論理式が何なのか分かっているかのような書き方をして、なんだろうこれは。と、そんなふうに感じた人もいるでしょう。

　この定義は論理式の定義の中でまだ定義されていないはずの論理式という語を使っちゃってるんですね。このように、X を定義するときに、その定義中で X 自身を使っている定義の仕方を「再帰的定義」と言います。ちょっと独特な、でもふつうに行なわれる定義の仕方なのです。

　論理式の定義を見ましょう。いま簡単のために命題記号は P と Q の二つだけとしてみます。そのとき、まず(1)から、P、Q は論理式です。そうすると、さらに(2)から、次も論理式になります。

　　¬(P)、¬(Q)、(P)∧(Q)、(P)∨(Q)、(P)⊃(Q)

これらが論理式であることから、再び(2)を用いると、次のようなものも論理式になります。もうこの段階でかなりたくさんあるので一例を挙げるにとどめておきましょう。

　　¬(¬(P))、¬((P)∧(Q))、((P)∧(Q))∧((P)∨(Q))、……

　(1)で論理式とされた P、Q、R、……を出発点として、それに(2)を適用

するとさらに論理式が作られます。そうしてできた論理式をもとに再び(2)を適用するとさらに論理式ができます。それに(2)を適用すると……、と、こうしていつまでも続けていけます。つまり、この論理式の定義は、論理式の作り方を示したもので、このように作られるもの、そしてそれだけを論理式とします、と定義しているのです。

　だけど、こうして作られる論理式、括弧がうるさくないですか？　そこで、括弧を省略する規則を与えましょう。その規則を与えるために、少し用語を導入しておきます。これは、この本ではここ以外に使わない用語ですから、別に覚えなくてもけっこうです。

　　原子式……　論理定項を含まない論理式を「原子式」と呼ぶ
　　複合式……　論理定項を含む論理式を「複合式」と呼ぶ
　　否定式……　X が論理式であるとき、¬(X) の形の論理式を「否定式」と
　　　　　　　　呼ぶ

　命題記号 P、Q、R、……は原子式です。
　¬(P)、(P)∧(Q)、¬((P)∨(Q))、……は複合式です。
　¬(P)や¬((P)∨(Q))は否定式です。ただし、否定式については注意が必要です。次を比べてください。

　　　¬((P)∨(Q)) ……①
　　　(¬(P))∨(Q) ……②

　よく見ないと違いが呑み込めないかもしれませんが、①は(P)∨(Q)全体を否定したものです。それに対して②はPを否定したものとQとを選言でつないだものです。①の否定はそのあとの論理式全体にかかり、②の否定はPだけにかかっているわけです。そして否定式というのは、①のタイプのもので、②は否定式ではありません。つまり、否定式とはあくまでも論理式全体が¬(　　　)という形になっているもののことです。
　さて、以上の用語を使って、括弧を省略する規則を与えてみましょう。

括弧を省略する規則

  (1) 否定式 ¬(X) において、X が原子式の場合、括弧は省略する。

  (2) 複合式 (X)∧(Y)、(X)∨(Y)、(X)⊃(Y) において、X や Y が原子式ないし否定式の場合、括弧は省略する。

一つ具体例を示してみましょう。次はこの規則の適用前と適用後です。

適用前：(¬((P)∨(Q)))⊃((¬(P))∧(¬(Q)))

適用後：¬(P∨Q)⊃(¬P∧¬Q)

ずいぶんすっきりするでしょう？　でも、上の規則を覚えて律義に適用しようとしなくてもいいです。この本が読者に与えるルールはこうです。——曖昧にならないように括弧を使ってください！

22　命題論理の論理法則(2)——条件法を加えて

22-1　A と A の対偶が同値であることを確かめる

P⊃Q(この論理式を A としましょう)に対して A の逆・裏・対偶が次のように定義されます。

A：P⊃Q

A の逆：Q⊃P

A の裏：¬P⊃¬Q

A の対偶：¬Q⊃¬P

第Ⅰ部で、「逆(裏)は必ずしも真ならず」ということに関してずいぶん練習しました。Aが真であるとき、それに連動して必ず真になるのは対偶だけです。そこで、真理表を使ってそのことを確かめてみましょう。

練習問題 44　次の真理表を完成させなさい。

P	Q	¬P	¬Q	P⊃Q	Q⊃P	¬P⊃¬Q	¬Q⊃¬P
1	1						
1	0						
0	1						
0	0						

　まだ慣れていない人(ほとんどの人がそうでしょうが)のために、解説しておきます。先に否定・連言・選言・条件法の定義を真理表で与えておきましたから、それを参照してください(111 ページ)。それに基づいて表を埋めていきます。

　そのとき、横の行を1行ずつ埋めていくよりは縦の列ごとに書いていった方がやりやすいと思います。(ちなみに、横が「行」で縦が「列」です。) つまり、Pが1でQが1のときを横に見ていって、¬Pは0、¬Qも0、P⊃Qは1で、Q⊃Pは……と書いていくよりも、まず否定の定義に基づいて¬Pと¬Qの列を縦に埋めていくというやり方の方が楽ですし、まちがいも少ないでしょう。

　次にP⊃QとQ⊃Pの列を埋めますが、Q⊃Pが分からなくて困る人がいるかもしれません。X⊃YはXが1でYが0のときに0で、それ以外は1です。ですから、Q⊃PはQが1でPが0のときに0になって、それ以外は1になります。

　同様に、¬P⊃¬Qは¬Pが1で¬Qが0のときに0で、それ以外は1になります。

　さて、表が完成したら、どれとどれが同値になるかを確認しましょう。

　AとBが同値、すなわちA≡Bとは、AとBが真偽において一致することでしたから、次のような同値関係がこの表から見てとれます。

$P \supset Q \equiv \neg Q \supset \neg P$

$Q \supset P \equiv \neg P \supset \neg Q$

つまり、$P \supset Q$ はその対偶とは同値ですが、逆や裏とは同値ではありません。

22-2　前件肯定式と後件否定式(対偶論法)

次の論理式は恒真式です。

① $((P \supset Q) \wedge P) \supset Q$

② $((P \supset Q) \wedge \neg Q) \supset \neg P$

①は、条件法 $P \supset Q$ と、その前件 P が真であれば、そのとき後件 Q も真になるというものです。それで前件 P を肯定すると Q が言えるということで、「**前件肯定式**」と呼ばれます。

②はこれまで「対偶論法」と呼んでいたものです。対偶論法は、条件法 $P \supset Q$ と、その後件 Q の否定が真であれば、P の否定も真になるというものですから、「**後件否定式**」とも呼ばれます。

こうした恒真式を覚えておいても損はありませんが、この本ではとくにこうした恒真式を覚えることを目標にはしていません。また、「前件肯定式」とか「後件否定式」という名前を覚えることも目標ではありません。現代の記号論理学という学問がどのようなものなのかを理解すること、これが私たちの目標です。

では、前件肯定式と後件否定式(対偶論法)が恒真式であることを真理表を用いて確認してみましょう。まだやり方が分からないという人、前のページの解説を読んで、要領をつかんでください。

練習問題 45　$((P \supset Q) \wedge P) \supset Q$ の真理表を作り、恒真式であることを確かめなさい。

練習問題 46　((P⊃Q)∧¬Q)⊃¬P の真理表を作り、恒真式であること
を確かめなさい。

23　いま私たちは何をしているのか

23-1　ここまでの流れを一望する

　記号で書かれた式が次々に出てきて、表を書くと最後に 1 が並んだり
して、いわば「異国情緒」に溢れてきたのではないでしょうか。逆に、い
ったいこれが何をしていることになっているのかを見失いがちになるかも
しれません。ここでしばし立ち止まって、来し方を振り返り、行く末も少
し見ておきましょう。

　論理学とは演繹を体系的に取り扱う学問です。

　演繹とは、前提が真ならば結論も必ず真になるような推論のことです。

　演繹においては、結論で言われることが前提の意味のうちに含まれてい
ます。結論の内容は前提の内容から取り出されてきたものなのです。だか
ら、前提が真ならば結論も必ず真になるのです。

　そして、その演繹を特徴づけ、演繹の正しさを説明してくれる言葉が論
理定項です。すなわち、前提に含まれる論理定項の意味によって、その演
繹は正しいものとなっています。

　命題論理は、論理学のもっとも基礎的なものとして、どんなことを主題
として論じるときにも必ず用いられる汎用性のある言葉を論理定項として
選んでいます。それが、否定・連言・選言・条件法です。

　否定・連言・選言・条件法という論理定項の意味によって成り立つ演繹
を取り扱う論理体系、それが命題論理なのです。

　否定・連言・選言・条件法の意味は、それぞれ真理表でこれまで見てき
たような形で定義されます。

　この定義に従って、例えば ((P⊃Q)∧P)⊃Q の真理表を作ってみます。

そうすると、この論理式はＰとＱに真な命題を代入しようと偽な命題を代入しようとつねに真になる論理式、つまり恒真式だということが分かります。

　さて、いまの最初と最後をつなげてみましょう。論理学は演繹を扱う学問です。そしていま、恒真式という独特な論理式の存在とその判別方法を知りました。では、演繹と恒真式はどう関係するのでしょうか。

　ここから新しい話になります。

23-2　条件法の恒真式と演繹

　詳しい説明は後にして、まずここで分かってほしいことを述べておきましょう。演繹と恒真式の関係について、次のことが言えるのです。

「Ａ。それゆえ、Ｂ」は演繹として正しい……①

　　　⇕

Ａ⊃Ｂは恒真式である……②

　両矢印は①が成り立っていれば②が必ず成り立ち、逆に②が成り立っていれば必ず①が成り立つことを意味しています。

　では、①が成り立っていれば②が成り立つことを示しましょう。

　「Ａ。それゆえ、Ｂ」が演繹として正しいということは、前提Ａが真であるときには必ず結論Ｂも真になるということです。

　そして、Ａが真のときＢも必ず真になるというのですから、Ａ⊃Ｂも必ず真になります。つまり、恒真式です。

　逆に、②が成り立っていれば①が成り立つことを示しましょう。

　仮にＡが真なのにＢが偽だとすると、条件法の定義より、Ａ⊃Ｂ全体は偽になってしまいます。しかし②より、Ａ⊃Ｂは恒真式ですから、Ａが真のときにはＢも必ず真になるということです。

　そのとき、「Ａ。それゆえ、Ｂ」は前提Ａが真のとき結論Ｂも真ですから、演繹として正しいものとなります。

質問 なんだかまだるっこしいですね。そんなことをいちいち示さなくたって、A⊃B は「A ならば B」なんでしょう？　だったらそれは「A。それゆえ、B」と同じことじゃないですか。

答え まあ、直観的にそう思えてくれれば話は早いですけどね。ただ、注意してほしいのは、「A。それゆえ、B」が A と B という二つの論理式の関係を述べているのに対して、A⊃B は一つの論理式だということです。それはたいした違いではないと言われればたいした違いではないと言えなくもありませんが、やはり、区別しておくべきです。

質問 ところで、どうして A や B にしたんですか？　いままで P や Q でやっていたのに。

答え 「A。それゆえ、B」という場合には、これは一つの前提から一つの結論を導く推論を表わしているわけです。例えば、「￢￢P。それゆえ、P」もそうですし、「P∧Q。それゆえ、Q」とか「P∨Q。それゆえ、Q∨P」なんていうのもそうです。こうした推論をまとめて表現したかったので、「A。それゆえ、B」としました。A や B には P や Q だけでなく、￢￢P や P∧Q 等々、あらゆる論理式が入るのです。

．．．

　いま確認した演繹と恒真式の関係は、前提が 2 個以上の場合にも拡張できます。前提が 2 個の場合だけ示しておきましょう。

「A。B。それゆえ、C」は演繹として正しい

⇕

(A∧B)⊃C は恒真式である

　「A。B。それゆえ、C」が演繹として正しいということは、前提 A と B が両方とも真のときには結論 C も必ず真ということです。そして、A と B がともに真ということは A∧B が真ということですから、「A。B。それゆえ、C」を一つの論理式で表わすと (A∧B)⊃C になります。

　言い換えれば、「A。B。それゆえ、C」が演繹として正しいことを示したければ、(A∧B)⊃C という論理式が恒真式であることを示せばいいわけです。

　先ほど、真理表を用いて ((P⊃Q)∧P)⊃Q が恒真式であることを示しました。このことは、次の推論が演繹として正しいということを意味してい

るのです。

　　　P⊃Q。P。それゆえ、Q

　同様に、真理表によって((P⊃Q)∧¬Q)⊃¬P が恒真式であることも示
しました。これは、次の推論が演繹として正しいということを意味してい
ます。

　　　P⊃Q。¬Q。それゆえ、¬P

　つまり、推論を一つの論理式として表わし、その真理表を作ってみて恒
真式になるかどうかを調べるという方法によって、否定・連言・選言・条
件法を用いた推論が演繹として正しいかどうかを判別することができると
いうわけです。
　では、次の推論はどうでしょうか。

　　　P⊃Q。Q。それゆえ、P

　この推論が演繹として正しいかどうかは、((P⊃Q)∧Q)⊃P の真理表を
作って調べてみればよいのです。

P	Q	P⊃Q	(P⊃Q)∧Q	((P⊃Q)∧Q)⊃P
1	1	1	1	1
1	0	0	0	1
0	1	1	1	0
0	0	1	0	1

　この真理表を見ると、P が偽、Q が真のとき、((P⊃Q)∧Q)⊃P が偽に
なると分かります。
　((P⊃Q)∧Q)⊃P が偽ということは、前件(P⊃Q)∧Q が真なのに後件
P が偽になるということです(条件法の定義を確認してください)。つまり、

P⊃Q と Q という二つの前提がともに真なのに結論 P が偽になる場合があるということです。演繹とは前提が真のとき結論も必ず真になる推論のことでしたから、これでは正しい演繹とは言えません。

　いま私たちが何をしているのかをよりはっきりさせるために、具体例で考えてみましょう。いま真理表を書いた ((P⊃Q)∧Q)⊃P は、P が偽、Q が真のとき、偽になります。よりきちんと言うと、P に偽な命題を代入して、Q に真な命題を代入すると、((P⊃Q)∧Q)⊃P は偽な命題になるということです。そしてそのことは、すなわち「P⊃Q。Q。それゆえ、P」が演繹として誤りだということを意味しています。

　そこで P を「クジラは魚だ」、Q を「クジラは水中を泳ぐ」としてみます。P は偽で Q は真です。そのとき、「P⊃Q。Q。それゆえ、P」はこうなります。

　　　クジラが魚であるならば、クジラは水中を泳ぐ。
　　　クジラは水中を泳ぐ。
　　　それゆえ、クジラは魚だ。

　魚は水中を泳ぎますから、もしクジラが魚だったらクジラは水中を泳ぎます。そして、クジラは実際水中を泳ぎます。つまり、この推論の前提は二つとも真です。しかし、結論は偽です。ということは、この推論は正しい演繹ではありません。（逆を使った推論ですね。）

　真理表からはこうした具体的な推論について、それが正しい演繹なのかどうかを読みとることができるのです。

　記号ばっかり見るようになると、論理式が命題ではないということをつい忘れてしまうかもしれません。でも、P や Q は命題記号であって、そこに具体的な命題をあてはめてはじめて命題になるんです。

　「解釈」という言葉をまだ覚えているでしょうか。論理式の命題記号に具体的な命題をあてはめて論理式全体を真偽の言える命題にすることです。真理表というのは、まさに解釈を行なっているのです。もう一度先の真理表を見ましょう。

P	Q	P⊃Q	(P⊃Q)∧Q	((P⊃Q)∧Q)⊃P
1	1	1	1	1
1	0	0	0	1
0	1	1	1	0
0	0	1	0	1

　この表の１行目は、PとQ両方に真な命題を代入すると、論理式全体は真な命題になるということを示しています。そして３行目は、Pに偽な命題、Qに真な命題を代入すると、論理式全体は偽な命題になることを示しています。例えば、Pに「クジラは魚だ」を代入し、Qに「クジラは水中を泳ぐ」を代入した場合がそうです。

　一般的に述べておきましょう。(A∧B)⊃C が恒真式であるとは、A、B、C にどのような命題を代入しても(A∧B)⊃C 全体は必ず真な命題になるということです。そのとき、「A。B。それゆえ、C」という形式をもった推論は、A、B、C にどのような命題を代入しても、必ず正しい演繹になる、というわけです。問題を通して感じをつかんでみましょう。

問題24　「¬(P∨Q)。それゆえ、¬Q」が正しい演繹かどうか、真理表を用いて調べなさい。

　まず、この推論を論理式として表わします。次に、その論理式の真理表を作ります。それで恒真式になるかどうかを調べるのです。

問題24の解答　与えられた推論を論理式で表わすと¬(P∨Q)⊃¬Q。

P	Q	P∨Q	¬(P∨Q)	¬Q	¬(P∨Q)⊃¬Q
1	1	1	0	0	1
1	0	1	0	1	1
0	1	1	0	0	1
0	0	0	1	1	1

　恒真式であるから、問題の推論は正しい演繹である。

練習問題 47 次の推論が正しい演繹かどうか、真理表を用いて調べなさい。

  (1) P∧Q。それゆえ、Q

  (2) P∨Q。それゆえ、Q

  (3) P⊃Q。¬P。それゆえ、¬Q

  (4) P∨Q。Q⊃P。それゆえ、P

....

質問 論理学は演繹を理論化する学問ということですが、矛盾律¬(P∧¬P)や排中律P∨¬Pといった恒真式も演繹を表わしているんですか？

答え 矛盾律や排中律それ自体は条件法「ならば」を含んでいないので推論を表わしてはいませんが、どんな命題を代入しても必ず真になる論理式なので、演繹の中で用いられます。例えば、次は排中律を用いた演繹です。

    P⊃Q。¬P⊃Q。P∨¬P。それゆえ、Q

  「PならばQ、PじゃなくてもQ、で、PかPじゃないかどちらかなので、それゆえ、いずれにしてもQだ」というわけです。（興味があれば真理表を作って確かめてみてください。）

  このように、矛盾律や排中律それ自体は演繹を表わしていなくとも、演繹の中で用いることができます。だから、それ自体は演繹を表わしていない恒真式も、演繹に使えるという意味で、論理学において重要な論理式となるのです。

24　いろいろな論理式の真理表を作ってみよう

24-1　P≡Qの真理表

  P≡Q、すなわちPとQが同値であるとは、Pが真のときQも必ず真であり、Pが偽のときにはQも必ず偽になるということですから、真理表で表わすと、PとQの真偽が一致するときにP≡Qということです。真理表で表せば次の表になります。

P	Q	P≡Q
1	1	1
1	0	0
0	1	0
0	0	1

そしてこれは(P⊃Q)∧(Q⊃P)に等しいのです。問題にしてみましょう。

練習問題48 (P⊃Q)∧(Q⊃P)の真理表を作り、P≡Qと同じになること
を確かめなさい。

PとQが同値であるとは、P⊃QとQ⊃Pが両方成り立つことに等しい
のです。両方向の条件文が成り立つということから、P≡Qはまた「双条
件法」と呼ばれもします。

24-2　矛盾からは何を結論してもよい

(P∧¬P)⊃Qの真理表を作ってみましょう。

P	Q	¬P	P∧¬P	(P∧¬P)⊃Q
1	1	0	0	1
1	0	0	0	1
0	1	1	0	1
0	0	1	0	1

前件は矛盾です。矛盾はつねに偽ですから、(P∧¬P)⊃Qは前件がつ
ねに偽な条件文です。条件法の定義から、前件が偽のときには条件文全体
は真になりますから、(P∧¬P)⊃Qはつねに真、恒真式になります。
ということは、次の推論は演繹として正しいということです。

P∧¬P。それゆえ、Q

さて、これはどういうことでしょうか。PとQは命題記号ですから、ここに具体的な命題をあてはめます。どんな命題を入れてもこの推論は演繹として正しいことになります。例えば、次は正しい演繹です。

　　　下坂さんは大学生であり、かつ、大学生ではない。
　　　それゆえ、犬は空を飛べる。

　下坂さんが大学生であるとかないとかいうことと犬が空を飛べることにどういう関係があるんだと思われるでしょうが、いや、実際、無関係です。P∧￢PからはPとまったく無関係なQが結論できてしまうのです。もう一つ例を挙げてみましょうか。

　　　　駅前の上海亭は日曜日が定休日であり、かつ、日曜日は定休日では
　　　ない。それゆえ、野矢茂樹は130歳まで生きる。

　この結論が真なら世界記録更新ですけどね。矛盾を前提にすればなんでも結論できるのです。「野矢茂樹は130歳までは生きない」を結論してもかまいません。肯定も否定もどちらも結論できるなんて矛盾してるじゃないかって？　だから、そもそも前提が矛盾してるのですよ。
　これはしかし論理学にとってはなかなかだいじな話なのです。もしある体系に矛盾が含まれており、しかもその体系で(P∧￢P)⊃Qが恒真式になるのだとすれば、その体系ではどんな命題でも結論できてしまうことになります。これが、矛盾が嫌われる理由なのです。

24-3　真理表を作るのは楽しい？

　真理表を作るのが楽しいという人は少なくありません。最後に1が並ぶと気持ちよかったりします。そういう人たちのために、いくつか問題を出してみましょう。論理式の意味は考えなくともよいですから、パズルを解くような感覚でやってみてください。

練習問題 49 次の論理式の真理表を作りなさい。(与えられた論理式を A とする。表の最後の欄に書く論理式が長くてめんどうくさいときには、A と書けばよい。)

(1) A = ¬P⊃(P⊃Q)

(2) A = (P∨¬Q)∨(¬P∧Q)

(3) A = ((P⊃Q)∧(¬P⊃Q))⊃Q

　最後に、命題記号の数が P、Q、R と 3 個になる場合をやってみましょう。真偽の組み合わせは、P、Q、R のすべてが真の場合から、すべてが偽の場合まで、8 通りになります。それ以外はいままでやったやり方と同じです。ちょっと手間がかかるだけです。でも、その分、最後に 1 が並ぶとなんとなく「やった！」という気分になるでしょう。

例 42　A = ((P∨Q)∧R)⊃P の真理表

P	Q	R	P∨Q	(P∨Q)∧R	A
1	1	1	1	1	1
1	1	0	1	0	1
1	0	1	1	1	1
1	0	0	1	0	1
0	1	1	1	1	0
0	1	0	1	0	1
0	0	1	0	0	1
0	0	0	0	0	1

　P、Q、R の列の書き方だけ説明しましょう。8 通りすべて列挙されていれば順番はどうでもいいのですが、上の真理表は(1、1、1)から始まって(0、0、0)まで規則的に並べられています。まず P を 1 にしておいて、Q と R を 4 通りに並べます。Q と R を 4 通りに並べるときには命題記号が二つだったときと同じにやります。そして次は P を 0 にしておいて、Q と R を 4 通りに並べます。(二進数を知っている人は下から二進数の順になっていると気がついたでしょう。)

　では、命題記号が 3 個の場合の問題をやってみましょう。

問題 25 次の論理式 A の真理表を作りなさい。

A = ((P⊃Q)∧(Q⊃R))⊃(P⊃R)

これは、「P⊃Q と Q⊃R が真のとき、P⊃R は必ず真」ということで、第9章でやった「推移律」と呼ばれるものです。だいじょうぶ、できる、という人はどんどんやって次の練習問題に進んでください。まだちょっと自信がないという人、次の練習問題のあとにいまの問題の答えを書いておきますから、参考にしてください。

練習問題 50 次の論理式 A の真理表を作りなさい。
(1) A = ((P∧Q)∨R)⊃(P∨R)
(2) A = ((P∨Q)⊃R)∨¬R
(3) A = ((P∨Q)∧((P⊃R)∧(Q⊃R)))⊃R
　　(B = (P∨Q)∧((P⊃R)∧(Q⊃R))とする。)

問題 25 の解答

P	Q	R	P⊃Q	Q⊃R	(P⊃Q)∧(Q⊃R)	P⊃R	A
1	1	1	1	1	1	1	1
1	1	0	1	0	0	0	1
1	0	1	0	1	0	1	1
1	0	0	0	1	0	0	1
0	1	1	1	1	1	1	1
0	1	0	1	0	0	1	1
0	0	1	1	1	1	1	1
0	0	0	1	1	1	1	1

真理表、楽しく感じましたか？　楽しいと感じた人のためにおまけの問題を一つ出しましょう。命題記号が四つの場合です。これは表の外枠を作っておきますから、1 と 0 を書き込んでみてください。

練習問題 51 A = ((Q⊃P)∧¬(R∧S))⊃((Q∨R)⊃(S⊃P))の真理表を作りなさい。

P	Q	R	S	Q⊃P	R∧S	￢(R∧S)	(Q⊃P)∨￢(R∧S)	Q∨R	S⊃P	(Q∨R)⊃(S⊃P)	A
1	1	1	1								
1	1	1	0								
1	1	0	1								
1	1	0	0								
1	0	1	1								
1	0	1	0								
1	0	0	1								
1	0	0	0								
0	1	1	1								
0	1	1	0								
0	1	0	1								
0	1	0	0								
0	0	1	1								
0	0	1	0								
0	0	0	1								
0	0	0	0								

25 「すべて」と「ある(存在する)」を 論理定項に加える

　まず「論理定項」について簡単に復習しておきましょう。論理定項とは、ある演繹においてその演繹を特徴づける部分で、その演繹の正しさを説明してくれる言葉のことです。命題論理はそのような言葉として否定・連言・選言・条件法の四つを取り上げ、それらの論理定項によって成り立つ演繹を体系的に捉えていこうとしています。まだ命題論理の仕事が完成したわけではありませんが、ここで命題論理の四つの言葉に加えて、さらに「すべて」と「ある(存在する)」という言葉を論理定項として取り上げましょう。

　命題論理にこの二つの論理定項を加えて成り立つ演繹の体系は「**述語論理**」と呼ばれます。(なぜ「述語」論理と呼ばれるのかは、あとで説明します。)

　そこで、「すべて」と「ある(存在する)」の意味を論理学として厳格に捉えるために、改めてきちんと考えていきましょう。最初は、分かっていることを堅苦しく言い直しているだけのような気がするかもしれませんが、だんだん話はややこしくなってきます。ここでちゃんと考えておかなければうまく先に進めません。

25-1　単称命題・個体変項・議論領域

　全称命題と存在命題を考える前に、まずもっとも単純な、主語と述語だけからなる単称命題を考えましょう。例えば「ハルは猫だ」という単称命題は主語と述語に分解できます。主語は「ハル」で、述語は「…は猫だ」です。

　「…は猫だ」の「…」の代わりに「x」を使い、「xは猫だ」のように表

わすことにします。「x」にはハルやアンズやポチやあるいは夏目漱石が入ったりします。「x は猫だ」の x にハルを代入すると「ハルは猫だ」となり、夏目漱石を入れると「夏目漱石は猫だ」となります。「ハル」はうちの猫の名前ですから「ハルは猫だ」は真です。他方、「夏目漱石」はあの作家のことですから「夏目漱石は猫だ」は偽になります。

　このxは「**個体変項**」と呼ばれます。「変項」というのは、数学の変数みたいなもので、数学ですとx、y、……には数が入りますが、いまは数以外にもハルでも夏目漱石でもなんでも入りますので「変項」という言い方をします。それから個体というのは「一つ」と数えられるもののことです。ハルだと1匹ですし、夏目漱石だと1人です。あるいは富士山も1個です(正しくはどう数えるのでしょうね。「1座」でしょうか)。人間だと「個人」と言われますが、動物でも山でも一つと言えるものは何でもよいので「個体」と言います。で、個体を代入する変項なので、個体変項というわけです。記号は別に何でもいいのですが、x、y、……を使うことにします。

　もうひとつ、「**議論領域**」という考えを導入しておきましょう。新しい用語を増やすのは心苦しいのですが、議論領域という考えを使った方が話が分かりやすくなるので、ちょっとだけがんばってください。

　全称命題や存在命題を言うときに、どの範囲のものについて「すべて」と言われているのか、それはどの範囲のものの中で「存在する」と言われているのか、その範囲をあらかじめ定めておくことがあります。例えば、人間について述べることが決まっているとか、数学だと自然数について考えることが決まっているといったように、考える対象の範囲を決めておくのです。このように定められた対象の範囲を「議論領域」と言います。

　議論領域を定めない場合もあります。その場合には個体変項にはなんであれすべての個体が代入可能となります。議論領域を定めずに「すべてのx」と言えばありとあらゆる個体が全部という意味です。

25-2　全称命題と存在命題の記号化

以下しばらくは議論領域を人間としましょう。その方が話が単純になっ

て見やすいのです。議論領域を人間にするということは、個体変項 x、y、……が出てきたときに、そこに代入するものは人間にかぎるということです。つまり、「すべての x」と言えば、それは「すべての人間 x」という意味です。

　では、全称命題の例として「すべての人は夢を見る」を考えてみましょう。これは、「x は夢を見る」という述語の個体変項 x にどんな人を代入しても真な命題になるということを意味しています。「夏目漱石は夢を見る」でも「デカルトは夢を見る」でも、誰に対しても真です。そこで、「すべての人は夢を見る」は「すべての x に対して、x は夢を見る」のように書くことができます。

　「x は夢を見る」という述語の形式を Fx と記号化すれば、「すべての x に対して Fx」の「すべての x に対して」の部分は ∀x と記号化されます。その結果、「すべての人は夢を見る」という命題の形式は次のように記号化されることになります。

　　　∀xFx

　述語の形式は Fx、Gx、Hx、…… のように記号化されます。なぜ「F」という文字を使うのか、第 I 部で質問が出ていたのを覚えている人もいるかもしれません。気にならない人は気にしなくてけっこうですが、気になる人のために一言説明しておきましょう。Fx は x に個体を代入すると具体的な命題になり、真偽が定まるので、これを個体から真偽への関数と見ることができます。例えば「x は『源氏物語』を書いた」という述語は、x に紫式部を入れれば真になり、清少納言を入れれば偽になる、そういう関数です。そこで、述語に対しては関数を意味する英語 "function" の頭文字をとって「F」と記号化するのです。述語を表わす F、G、H、……という記号は「**述語記号**」と呼ばれます。

　「∀」の方は単純で、"All" の A をひっくり返したものです。

....

質問　なんか妙にもってまわった言い方をしてませんか？　「「x は夢を見る」という述語を Fx と記号化する」と言えばいいのに「述語の形式を記号化する」と言ったり、「「すべての人は夢を見る」という命題は ∀xFx と記号化される」

と言えばいいのに「命題の形式を記号化する」なんて、なんでいちいち「形式」を入れるんです？

答え　そうですね。いまはシンプルに「述語を記号化する」「命題を記号化する」と考えてくれた方がいいかもしれません。

　　ただ、∀xFx はたんに「すべての人は夢を見る」を表わすだけではなくて、さまざまに解釈されうるのですね。例えば「すべての人はいつか死ぬ」も「すべての人には心臓がある」も ∀xFx という形式をもっています。だから、∀xFx はある特定の命題を表現しているというよりもその命題の形式を表現していると言った方が正確なのです。でも、いまはあまり気にしないでください。これからは単純に「述語を記号化する」「命題を記号化する」と言ってしまいましょう。

....

　存在命題もいまと同じように考えます。議論領域は人間としているので、「x は夢を見る」の個体変項 x に代入すると真な命題になるような人間が存在するとき、「ある人は夢を見る」とか「夢を見る人が存在する」と言われるわけです。

　「ある x」とか「x が存在する」は ∃x と記号化されます。(「∃」は"Exist"の E をひっくり返したものです。) そこで、「ある人は夢を見る」や「夢を見る人が存在する」は次のように記号化されることになります。

　　　∃xFx

　「∀」は「x は夢を見る」の x がすべての人だということを表わし、「∃」は「x は夢を見る」の x が少なくとも 1 人以上存在するということを表わすので、量を示すという意味で「**量化子**」と呼ばれます。「∀」は「**全称量化子**」、「∃」は「**存在量化子**」です。また、「x は夢を見る」という述語に対して、∀x をつけてすべての x であることを示したり、∃x をつけてそういう x が存在することを示したりすることを「**量化する（全称量化する／存在量化する）**」などとも言います。

量化子	全称量化子	∀
	存在量化子	∃

単称命題は、述語の記号化に伴って、主語の部分も記号化します。例えば、述語「x は猫だ」を Fx と記号化し、「ハル」を a で表わせば、「ハルは猫だ」は Fa と記号化されます。

　述語 Fx の x は個体変項で、個々の対象、すなわちハルやアンズや夏目漱石といった個体を代入しますが、そこで代入される個体も a、b、c、……のような記号で表わします。こちらは数学で言うと定数にあたるもので、数ではないので、これも「定項」と呼ばれます。とくに個体を表わす定項なので、「**個体定項**」です。

　なんだかいろいろ新しい用語が出てきて頭がごちゃごちゃしたかもしれません。すぐあとに整理して書いておきますが、その前にむしろ確認の問題をやっておいた方がいいでしょう。用語を覚えるより、まずは次の問題ができることがだいじです。そして次の問題がきちんとできるようであれば、とりあえずはだいじょうぶです。（解答は次のページに書くことにしましょう。）

問題 26　議論領域を人間とし、「x は哲学する」を Fx、デカルトを a として、次を記号で表わしなさい。
　(1) デカルトは哲学する
　(2) すべての人間は哲学する
　(3) ある人間は哲学する（哲学する人間が存在する）

覚えてほしい用語

述語記号：述語を表わす記号

個体変項：さまざまな個体が代入されうる変項

個体定項：特定の個体を表わす記号

議論領域：個体変項に代入しうる個体の範囲

全称量化子：「すべて」を意味する記号　∀

存在量化子：「ある（存在する）」を意味する記号　∃

問題 26 の解答　(1) Fa　(2) ∀xFx　(3) ∃xFx

....

質問　∀Fx とか ∃Fx と書いちゃだめなんですか？

答え　いまはそれでも問題ないのですが、あとで∀Fx のような書き方だと困ることになるんですよ。詳しい説明はまたそのときが来たらしますが、x だけではなくて y も使うような論理式があとで出てきます。そうなると、「すべての x」なのか「すべての y」なのかを区別しなければならなくなります。ですから、「すべての x」というときには「∀x」と書き、「すべての y」のときには「∀y」と書くようにするわけです。

....

　ところで、なぜ「述語」論理と呼ばれるのか、なんとなく分かる気がしませんか？　全称量化子「∀」は、ある述語 Fx に対して、その述語がすべての個体に対してあてはまることを述べるものです。存在量化子「∃」は、その述語にあてはまる個体が議論領域の中に存在することを述べるものです。命題論理では命題を否定したり接続したりする演繹を考えました。ですから、命題単位で話は済んでいたのですが、述語論理では命題をさらに細かく見て、そこに含まれる述語が重要な役目を果たします。だから、「述語」論理なのです。

26　述語論理の論理式

　単称命題、全称命題、存在命題は命題論理で扱っていた命題と同じように扱われます。ですから、否定したり、連言、選言、条件法でつないだりすることができます。例えば、「a は F ではない」は Fa を否定して ¬Fa と書きます。また、連言、選言、条件法も、Fa∧Ga、Fa∨Ga、Fa⊃Ga のように書きます。

　全称命題と否定を組み合わせるときには、例えば「すべての人は夢を見ない」と「すべての人が夢を見るというわけではない」を区別することが

重要です。議論領域を人間とし、「x は夢を見る」を Fx とすれば、それぞれ次のような論理式で表わされます。

$$\begin{cases} \text{すべての人は夢を見ない} \cdots\cdots \forall x \neg Fx \\ \text{すべての人が夢を見るというわけではない} \cdots\cdots \neg \forall x Fx \end{cases}$$

　存在命題と否定を組み合わせるときには、例えば「夢を見ない人が存在する」と「夢を見る人は存在しない」を区別することが重要です。これは、議論領域を人間、「x は夢を見る」を Fx として、それぞれ次のように表わされます。

$$\begin{cases} \text{夢を見ない人が存在する} \cdots\cdots \exists x \neg Fx \\ \text{夢を見る人は存在しない} \cdots\cdots \neg \exists x Fx \end{cases}$$

　括弧は、曖昧にならないように適宜使用する、ということにしておきますが、全称命題や存在命題と連言・選言・条件法を組み合わせるときには、命題論理のときとはまた違った括弧の使い方が必要になります。

　例えば、Fx を「x は力士だ」、Gx を「x は体操選手だ」としてみましょう。（変な例ですけど、説明のために私もいろいろ考えているのです。）そのとき、次の二つの論理式は異なった意味となります。（議論領域は人間とします。）

$$\begin{cases} \exists x Fx \land \exists x Gx : \text{ある人は力士だ、かつ、ある人は体操選手だ} \\ \exists x (Fx \land Gx) : \text{ある人は、力士であり、かつ、体操選手だ} \end{cases}$$

　もちろん力士は存在しますし、体操選手も存在します。しかし、そのことと力士の体操選手が存在することとは別です。力士の体操選手がいてもいいですが、なかなかすごい人です。

:::

質問　$\forall x Fx \land \forall x Gx$ と $\forall x (Fx \land Gx)$ って同じになりませんか？　全員が力士で、かつ、全員が体操選手だったら、全員が力士の体操選手になりますよね。

答え 確かにそうなります。$\forall x Fx \land \forall x Gx \equiv \forall x(Fx \land Gx)$ が成立します。でも、$\forall x Fx \land \forall x Gx$ と $\forall x(Fx \land Gx)$ は論理式としては別のものです。それが同値になるということは証明しなければいけません。

....

　命題論理のときと同様に、このような記号で表わされた式を「論理式」と呼びます。そして命題論理のときに言ったように、論理式は命題ではありません。具体的に解釈することによって、それは真偽の言える命題になるのです。ただし、命題論理では命題記号に具体的な命題を代入すればよかったのですが、述語論理では個体定項や述語記号がありますから、それを具体的に解釈しなければなりません。また、議論領域のことも考えなければいけません。

　述語論理の論理式に対する解釈は、きちんと述べれば次のようなものになります。

　① 議論領域を定める。
　② 述語記号（F、G、……）に具体的な意味を与える。
　③ 個体定項（a、b、……）に具体的な意味を与える。

　例えば、論理式 Fa を考えてみます。この論理式の述語記号と個体定項に具体的な意味を与えるというのは、Fx を「x は哲学者だ」という意味で捉え、個体定項 a を「デカルト」という意味で捉えるといったことで、そのとき、Fa は「デカルトは哲学者だ」という意味に解釈されます。あるいは、述語記号 Fx を「x は猫だ」という意味で捉え、個体定項 a を「アンズ」（うちの猫です）という意味で捉えれば、Fa は「アンズは猫だ」という意味に解釈されます。このように一つの論理式はさまざまに解釈されます。

　論理式 $\forall x Fx$ を考えてみましょう。述語記号 Fx を「x は夢を見る」と解釈し、議論領域を人間とします。そうするとこの論理式は「すべての人は夢を見る」と解釈されます。あるいは、述語記号 Fx を「x は怠け者だ」と解釈して、議論領域を哲学者にすると、$\forall x Fx$ は「すべての哲学者は怠け者だ」と解釈されます。議論領域を哲学者に定めたので、個体変項 x

に入るのは哲学者だけとなります。だから、∀xFx というだけで「すべての哲学者は怠け者だ」という意味になるのです。

　これで感じはつかめたと思うのですが、念のために ∃xFx も考えてみましょう。述語記号 Fx を「x は怠け者だ」として議論領域を哲学者とすれば、この論理式は「ある哲学者は怠け者だ」と解釈されます。あるいは、F の意味はそのままにして議論領域を人間にすれば、∃xFx は「ある人は怠け者だ」と解釈されることになります。

　なお、議論領域はとくに定めないでもかまいません。∃xFx に対して述語記号 Fx を「x は怠け者だ」として、とくに議論領域を定めなければ、∃xFx は「怠け者が存在する」と解釈されます。議論領域をとくに定めないというのは、見方を変えれば、ありとあらゆるものを議論領域に含めるということで、もっとも大きい議論領域を採用するということでもあるわけです。

　では問題をやってみましょう。

練習問題 52　次の論理式を、a を「アンズ」、b を「デカルト」、Fx を「x は猫だ」、Gx を「x は哲学する」として、解釈しなさい。

(1) Fa

(2) ¬Ga

(3) Ga∨Gb

(4) Fb⊃¬Gb

練習問題 53　次の論理式を、議論領域を人間とし、Fx を「x は哲学する」として解釈しなさい。

(1) ∀xFx

(2) ¬∀xFx

(3) ∀x¬Fx

(4) ∃xFx

(5) ¬∃xFx

(6) ∃x¬Fx

練習問題 54 次の論理式を、議論領域を動物とし、Fx を「x は空を飛ぶ」、Gx を「x は水中を泳ぐ」として解釈しなさい。

(1) $\exists xFx \land \exists xGx$

(2) $\exists x(Fx \land Gx)$

(3) $\neg \forall xFx \supset \exists x\neg Fx$

練習問題 55 議論領域を人間とし、a を夏目漱石、Fx を「x は哲学者だ」、Gx を「x は胃潰瘍だ」としたときに、次のように解釈される論理式を書きなさい。

(1) 夏目漱石は胃潰瘍だ。

(2) すべての人が哲学者というわけではない。

(3) ある人は哲学者であり、かつ、胃潰瘍だ。

27　述語論理のド・モルガンの法則

　命題論理でも連言と選言に関してド・モルガンの法則がありましたが、全称命題と存在命題に関しても、ド・モルガンの法則があります。

　まず全称命題 $\forall xFx$ の否定、$\neg \forall xFx$ を考えましょう。

　議論領域を人間とし、「x は夢を見る」を Fx として、「すべての人は夢を見る」の否定を考えてみます。まず、「（すべての人は夢を見る）というわけではない」となります。そこですべての人間のことを考えると頭がぽーっとしますから、とりあえず自分の周りにいる人たちのことを考えてみてください。そして、「この人たち全員が夢を見るわけじゃないのだな」と考えてみる。すると、それはつまり「誰か夢を見ない人がいるってことか」と納得できるのではないでしょうか。

　これを論理式で表わしましょう。「（すべての人は夢を見る）というわけではない」は $\neg \forall xFx$、「誰か夢を見ない人がいる」は $\exists x\neg Fx$ です。こ

の二つが同値になる、つまり、￢∀xFx≡∃x￢Fx が成り立つというのが、述語論理のド・モルガンの法則です。

　述語論理のド・モルガンの法則はもう一つあります。今度は存在命題の否定、￢∃xFx を考えましょう。

　議論領域を人間とし、Fx を「x は哲学する」として、「ある人は哲学する」の否定を考えてみます。否定は「（ある人は哲学する）ということはない」となります。ここでも、とりあえず周りにいる人たちのことを考えましょう。あなたの周りに誰か哲学する人がいると言われたのに対して、そんなことはない、と否定されたわけです。ということは、あなたの周りには哲学する人なんかいないということで、「全員哲学しない」となります。論理式で書くと、￢∃xFx≡∀x￢Fx です。

　まとめておきましょう。次が全称と存在のド・モルガンの法則です。

全称と存在のド・モルガンの法則

　￢∀xFx≡∃x￢Fx

　￢∃xFx≡∀x￢Fx

　キャッチフレーズ的に言えば、「全称の否定は否定の存在・存在の否定は否定の全称」というわけです。

28　すべての哲学者は怠け者だ・ある哲学者は怠け者だ

　まず問題を出してみます。ちょっと考えてみてください。でも、すぐあとで説明するための問題ですから、あまり考えこまなくていいです。分からなければすぐに解説を読んでください。

問題 27 議論領域を人間として、Fx を「x は哲学者だ」、Gx を「x は怠け者だ」としたときに、「すべての哲学者は怠け者だ」と解釈される論理式を①〜④から選びなさい。

① ∀x(Fx∧Gx)

② ∀x(Fx∨Gx)

③ ∀x(Fx⊃Gx)

④ ∀x(Gx⊃Fx)

問題 27 の解説と解答

①は連言ですから、「すべての人は哲学者であり、かつ、怠け者だ」という意味に解釈されます。「すべての哲学者は怠け者だ」は「すべての人は哲学者だ」なんてことは言っていないので、①は違います。

②は選言なので、「すべての人は哲学者であるか、または、怠け者だ」という意味に解釈されます。これも「すべての哲学者は怠け者だ」とは違います。

「すべての哲学者は怠け者だ」は、「どんな人 x に対しても、もしその x が哲学者だったら、x は怠け者だ」という意味で、条件法です。そして、もしその x が哲学者だったら」が前件なので、Fx の方が前件にきます。ですから、Gx が前件にある④は違います。④は「すべての怠け者は哲学者だ」と解釈されます。

というわけで、「すべての哲学者は怠け者だ」と解釈される論理式は、③∀x(Fx⊃Gx)です。

問題 28 議論領域を人間として、Fx を「x は哲学者だ」、Gx を「x は怠け者だ」としたときに、「ある哲学者は怠け者だ」と解釈される論理式を①〜④から選びなさい。

① ∃x(Fx∧Gx)

② ∃x(Fx∨Gx)

③ ∃x(Fx⊃Gx)

④ ∃x(Gx⊃Fx)

問題 28 の解説と解答

　「ある哲学者は怠け者だ」はある人の存在を主張しています。その人はどういう人かというと、哲学者であって怠け者でもある、そういう人です。とすれば、これは連言で、論理式は①∃x(Fx∧Gx)です。

　繰り返しておきましょう。「すべての哲学者は怠け者だ」という全称命題として解釈される論理式は∀x(Fx⊃Gx)で、「ある哲学者は怠け者だ」という存在命題として解釈される論理式は∃x(Fx∧Gx)です。

$$\begin{cases} \text{すべての哲学者は怠け者だ……}\forall x(Fx \supset Gx) \\ \text{ある哲学者は怠け者だ……}\exists x(Fx \wedge Gx) \end{cases}$$

　とはいえ、∀x(Fx∧Gx)や∃x(Fx⊃Gx)という論理式を作ってはいけないというわけではありません。それは両方ともちゃんとした論理式です。ただ、∀x(Fx∧Gx)は「すべての人は哲学者であり、かつ、怠け者だ」のように解釈される論理式で、「すべての哲学者は怠け者だ」とは解釈できません。∃x(Fx⊃Gx)の方は解釈してもなんだかよく分からない意味になりそうです。あえて解釈すれば「哲学者であるならば怠け者であるという人がいる」でしょうか。分かるような分からないような。あるいは、議論領域を人間、Fx を「x はひまがある」、Gx を「x は遊びに行く」として「ある人はひまがあるならば遊びに行く」と解釈すれば、もう少し意味が通る感じがするでしょう。

練習問題 56　次の論理式を、議論領域を動物とし、Fx を「x は亀だ」、Gx を「x は足が速い」として解釈しなさい。

　(1)　∀x(Fx⊃Gx)

　(2)　∀x(Fx⊃¬Gx)

　(3)　¬∀x(Fx⊃Gx)

　(4)　∃x(Fx∧Gx)

　(5)　∃x(Fx∧¬Gx)

　(6)　¬∃x(Fx∧Gx)

練習問題 57　議論領域を人間とし、Fx を「x は学生である」、Gx を「x は合格した」として、次のように解釈される論理式を書きなさい。

  (1) すべての学生は合格した

  (2) すべての学生が合格したわけではない

  (3) 合格した学生がいる

  (4) 合格しなかった学生がいる

　議論領域の設定の仕方を変えるとどうなるか、問題を通して見てみましょう。

問題 29　議論領域を学生とし、Gx を「x は合格した」として、次のように解釈される論理式を書きなさい。

  (1) すべての学生は合格した

  (2) 合格した学生がいる

　練習問題 57 では議論領域は人間でした。他方、問題 29 では議論領域は学生になっています。ということは、個体変項に代入されるものはもう学生と決まっているということで、わざわざ「x は学生だ」と言わなくてもよいということです。ですから、問題 29 では述語 Fx「x は学生だ」は姿を消して、Gx「x は合格した」だけになっています。とすると、問題 29 の答えはこうなります。

問題 29 の解答　(1) ∀xGx　(2) ∃xGx

....

質問　あれ、そうだとすると練習問題 57 で議論領域を人間にしたことに何か意味あるんですか？　解釈を表わす(1)～(4)の命題にはとくに「人間である」ということは出てこないじゃないですか。だとしたら、例えば(1)は「すべての学生は合格した」ですけど、これ、議論領域を人間にするのだったら、とくに議論領域を定めなくてもこう解釈される論理式は∀x(Fx⊃Gx)で、同じになりますよね？

答え　ええ。その通りです。ですから、練習問題 57 の場合には議論領域をとくに定めなくてもよかったのですね。議論領域は必ず定めなければいけないというわけではありません。

29　妥当式

　命題論理では恒真式というのが出てきました。述語論理でそれに対応するものは「妥当式」と呼ばれます。でも、その説明をする前に、一つの話題を考えてみましょう。

29-1　「ある哲学者は怠け者だ」を否定するとどうなるか

　「ある哲学者は怠け者だ」を否定しようとして、「私は哲学者だが断じて怠け者ではない」などと胸をはってもダメです。誰か怠け者の哲学者がいると主張されていて、それを否定しようというのですから、「すべての哲学者は怠け者ではない」と言わなければいけません。これを論理式で表わすと一般に次のことが成り立ちます。

$$\neg \exists x(Fx \wedge Gx) \equiv \forall x(Fx \supset \neg Gx)$$

　だけど論理式で書くと $\neg \exists x(Fx \wedge Gx)$ と $\forall x(Fx \supset \neg Gx)$ が同値になるというのはあまりピンとこないかもしれません。せめて「あ、そうか」と思える程度に証明(厳密な証明ではありませんけど)してみましょう。
　まず、命題論理で次を真理表を用いて示します。そうですね、これは問題にしましょうか。

問題30　$\neg(P \wedge Q) \equiv P \supset \neg Q$ を真理表を用いて示しなさい。

　解答は少しあとに書きましょう。いまはこれが示せたとします。
　全称と存在のド・モルガンの法則を使えば、次が言えます。

$\neg\exists x(Fx\wedge Gx)\equiv\forall x\neg(Fx\wedge Gx)$　……①

　問題 30 より、①の右辺の$\neg(Fx\wedge Gx)$に対して次が言えます。

　　$\neg(Fx\wedge Gx)\equiv Fx\supset\neg Gx$　……②

　②を使って①の$\neg(Fx\wedge Gx)$という部分を$Fx\supset\neg Gx$に置き換えれば、①はこうなります。

　　$\forall x\neg(Fx\wedge Gx)\equiv\forall x(Fx\supset\neg Gx)$　……③

　③を使って①の右辺$\forall x\neg(Fx\wedge Gx)$を$\forall x(Fx\supset\neg Gx)$に置き換えれば、①はこうなります。

　　$\neg\exists x(Fx\wedge Gx)\equiv\forall x(Fx\supset\neg Gx)$　……④

．．

質問　命題論理の場合には真理表一発で示せたのだけど、述語論理の場合にはそれはできないんですか？

答え　できないのです。

質問　えーっ。じゃあ、どうするんですか。

答え　それはこれからおいおいお話ししましょう。

．．

問題 30 の解答

P	Q	$P\wedge Q$	$\neg(P\wedge Q)$	$\neg Q$	$P\supset\neg Q$	$\neg(P\wedge Q)\equiv P\supset\neg Q$
1	1	1	0	0	0	1
1	0	0	1	1	1	1
0	1	0	1	0	1	1
0	0	0	1	1	1	1

29-2　どう解釈しても真になる論理式

　これまで何度も繰り返してきましたが、論理式は具体的な意味に解釈してはじめて真偽が言えます。命題論理の場合には、解釈は命題記号を具体的な命題にすることでしたが、述語論理の場合にはもう少し手間がかかって、次の①〜③が述語論理の論理式の解釈になります。①議論領域を定める。②述語記号（F、G、……）に具体的な意味を与える。③個体定項（a、b、……）に具体的な意味を与える。

　では、解釈によって論理式の真偽が変わることを問題を通して確かめて

みましょう。

練習問題 58　論理式 ∀x(Fx⊃Gx) に対して、次の⑴と⑵のような仕方で解釈したとき、その結果が真になるか偽になるかを答えなさい。

⑴　議論領域を動物とし、Fx を「x は鳥だ」、Gx を「x は空を飛ぶ」とする。

⑵　議論領域を動物とし、Fx を「x は鳥だ」、Gx を「x は卵から産まれる」とする。

練習問題 59　論理式 ∃x(Fx∧Gx) に対して、次の⑴と⑵のような仕方で解釈をしたとき、その結果が真になるか偽になるかを答えなさい。

⑴　議論領域を人間とし、Fx を「x は日本人だ」、Gx を「x は結婚している」とする。

⑵　議論領域を人間とし、Fx を「x は独身だ」、Gx を「x は結婚している」とする。

　でも、命題論理の恒真式がどのように解釈しても真になる論理式だったように、述語論理にも解釈の仕方によらず必ず真になる論理式があります。述語論理ではそのような論理式を「**妥当式**」と呼びます。述語論理は命題論理を含みますから、恒真式も妥当式の一種だと考えられます。用語が増えて申し訳ないですが、恒真式は命題論理特有の用語で、より一般的には妥当式と呼ぶのだと覚えてください。

　第Ⅰ部第12章で挙げた例23〜27が「すべて」や「ある」を用いて成り立つ演繹を日常の言葉で確認したものになっています。これらをもとに述語論理の妥当式を作ることができます。やってみましょう。例23はあとで練習問題としてやってもらうことにします。

　以下、議論領域はとくに定めません。

例24　1年生はすべて合格した。礼文さんは合格しなかった。
　　　　それゆえ、礼文さんは1年生ではない。

Fx を「x は 1 年生だ」、Gx を「x は合格した」とし、個体定項は a を礼文さんとしましょう。そうすると、例 24 のように解釈できる演繹はこうなります。

∀x(Fx⊃Gx)。¬Ga。それゆえ、¬Fa

ここで、23-2(119-124 ページ)で演繹と恒真式の関係について述べておいたことを思い出してください。覚えていないという人、復習しましょう。二つの前提から結論を導く演繹は、前提が両方真のときに結論も真になるということですから、前提を連言でつないだ論理式を前件にして、結論を後件にした条件法の論理式で表現されます。言葉で説明するとかえって分かりにくいですね、つまり、こうでした。

「A。B。それゆえ、C」は演繹として正しい
⇕
(A∧B)⊃C は恒真式である

このことから、例 24 の演繹は次の論理式として表現できます。

(∀x(Fx⊃Gx)∧¬Ga)⊃¬Fa

例25 軽トラックはすべてエンジンの総排気量が 660 cc 以下である。三輪トラックはすべてエンジンの総排気量が 660 cc を越える。
それゆえ、三輪トラックは軽トラックではない。

Fx を「x は軽トラックだ」、Gx を「x はエンジンの総排気量が 660 cc 以下だ」、Hx を「x は三輪トラックだ」としましょう。そうすると、例 25 のように解釈できる演繹はこうなります。

∀x(Fx⊃Gx)。∀x(Hx⊃¬Gx)。それゆえ、∀x(Hx⊃¬Fx)

これを一つの論理式で表現すればこうなります。

(∀x(Fx⊃Gx)∧∀x(Hx⊃¬Gx))⊃∀x(Hx⊃¬Fx)

例26　1年生は全員合格した。このクラスの学生には1年生がいる。
　　　それゆえ、このクラスの学生には合格した人がいる。

　Fx を「x は1年生だ」、Gx を「x は合格した」、Hx を「x はこのクラスの学生だ」としましょう。そうすると、例26のように解釈できる演繹はこうなります。

　　　$\forall$x(Fx$\supset$Gx)。$\exists$x(Hx$\wedge$Fx)。それゆえ、$\exists$x(Hx$\wedge$Gx)

　これを一つの論理式で表現すればこうなります。

　　　($\forall$x(Fx$\supset$Gx)$\wedge$$\exists$x(Hx$\wedge$Fx))$\supset$$\exists$x(Hx$\wedge$Gx)

例27　1年生は全員合格した。このクラスの学生には不合格の人がいる。
　　　それゆえ、このクラスの学生には1年生でない人がいる。

　Fx を「x は1年生だ」、Gx を「x は合格した」、Hx を「x はこのクラスの学生だ」としましょう。そうすると、例27のように解釈できる演繹はこうなります。

　　　$\forall$x(Fx$\supset$Gx)。$\exists$x(Hx$\wedge\neg$Gx)。それゆえ、$\exists$x(Hx$\wedge\neg$Fx)

　これを一つの論理式で表現すればこうなります。

　　　($\forall$x(Fx$\supset$Gx)$\wedge$$\exists$x(Hx$\wedge\neg$Gx))$\supset$$\exists$x(Hx$\wedge\neg$Fx)

　では、残しておいた例23を使って練習問題を出しておきましょう。

練習問題60　次の推論を一つの論理式で表現しなさい。ただし、「x は1年生だ」を Fx、「x は合格した」を Gx、羅臼さんを個体定項 a とする。議論領域はとくに定めない。
　1年生はすべて合格した。羅臼さんは1年生だ。
　それゆえ、羅臼さんは合格した。

　例23〜27の演繹をもとにして作ったこれらの論理式はすべて妥当式、

すなわちどう解釈しても真になる論理式です。

　あるいは、ド・モルガンの法則￢∀xFx≡∃x￢Fx と￢∃xFx≡∀x￢Fx も、もちろん妥当式です。

覚えてほしい用語

妥当式：どのように解釈しても必ず真になる論理式

29-3　妥当式かどうかはどうやって示せばよいのか

　命題論理では恒真式かどうかは真理表を使って調べることができました。しかし、これは私たちのやっている標準的な命題論理に特徴的な、むしろ特殊なことだったのです。まず、命題論理は命題単位で形式化します。ですから、論理式はそこに含まれる命題記号に具体的な命題を代入することで解釈されます。しかも、私たちのやっている命題論理は「命題は真か偽のどちらかである」という二値原理を採用しています。だから、命題記号に代入される命題は真か偽のどちらかになります。そこで、命題記号に代入する命題の真偽がどうであれ、論理式全体はつねに真になることが示せれば、その論理式は恒真式だということになります。

　そこで真理表の出番です。真理表は、与えられた論理式の命題記号に真(1)な命題を代入した場合と偽(0)な命題を代入した場合のすべての場合について、そのときその論理式全体の真偽はどうなるのかを一覧表にしたものです。そこで最後の論理式の列に真(1)が並べば、それは恒真式ということになるわけです。

　でも、こんなうまいやり方は、二値原理を採用している命題論理だからなのです。私たちのやっている述語論理も標準的なものですから二値原理を採用しています。命題は真か偽のどちらかで、真偽不定といったことは考えません。しかし、解釈は命題論理のときのように命題記号に具体的な命題を代入するだけでは済みません。議論領域を定めたり、述語記号や個体定項を解釈したりしなくてはなりません。だから、述語論理になるとも

う真理表は使えないのです。

ではどうするのか。なんとかがんばって一つずつ証明してやるしかありません。妥当式ではないことは、比較的簡単に示せます。その論理式が偽になるような解釈を示せばよいのです。問題にしてみましょう。

問題 31　$\forall x(Fx \lor Gx) \supset (\forall xFx \lor \forall xGx)$ が妥当式でないことを示しなさい。

この論理式に対して偽な命題になるような解釈を示せばよいのです。妥当式というのは、どう解釈しても必ず真になる論理式ですから、偽になるような解釈が一つでもあれば、それは妥当式ではないことになります。

いろいろな解釈が考えられます。一例を答えておきましょう。

問題 31 の解答例　議論領域を自然数とする。Fx を「x は奇数である」、Gx を「x は偶数である」とする。そのとき、与えられた論理式の前件は「すべての自然数は奇数であるか、または、偶数である」となり、真。しかし、後件は「すべての自然数が奇数であるか、または、すべての自然数が偶数である」となり、偽である。前件が真で後件が偽であるから、与えられた論理式全体は偽となる。偽となる解釈があるので、与えられた論理式は妥当式ではない。

あるいは、議論領域を動物として、Fx を「x は脊椎動物である」、Gx を「x は無脊椎動物である」としてもよいでしょう。この解釈のもとでは与えられた論理式の前件は「すべての動物は脊椎動物か無脊椎動物のどちらかである」となり、真ですが、後件は「すべての動物は脊椎動物である、または、すべての動物は無脊椎動物である」となり、偽です。それゆえ解釈された条件法の命題全体は偽になります。

どうでしょう。もう一問やってみますか？

練習問題 61　$(\exists xFx \land \exists xGx) \supset \exists x(Fx \land Gx)$ が妥当式でないことを示しなさい。

しかし妥当式であることを示すのは簡単ではありません。どんな解釈をしても真になることを示さなければならないからです。そしてもちろんすべての解釈を試してみることなどできはしません。

そこでむしろ公理系というやり方が重要になってきます。しかし、その話に行く前に、述語論理をもう一歩奥まで進んでみましょう。全称量化子と存在量化子を組み合わせるという話です。

30　多重量化

ここまでは「x は哲学者だ」「x は怠け者だ」といった形の述語だけを扱ってきました。しかし、これ以外のタイプの述語もあります。「x は y を好きだ」「x は y の親だ」といった二つの対象の間の関係を表わす述語で、「**関係述語**」と呼ばれます。

関係述語は Fxy、Gxy、……のように記号化されます。

議論領域を人間とし、「x は y を愛している（y は x に愛されている）」という述語を考えてみましょう。そのとき、x と y のそれぞれを量化することができます。例えば、x と y を両方全称量化すると「すべての人がすべての人を愛している」となります。あるいは、x を全称量化して y を存在量化することも考えられます。そのとき、「どんな人にも、誰か愛している人がいる」と「すべての人が愛している人がいる」の違いといったことに気をつけなければいけません。第Ⅰ部 14-1「全称と存在を組み合わせた命題の意味」のところでだいぶ頭を悩ませたという人も多いのではないでしょうか。私に言わせれば、このあたりは記号を使って書いた方がずっと分かりやすくなります。

では、議論領域を人間とし、Fxy を「x は y を愛している」としましょう。この x を全称量化してみます。するとこうなります。

∀xFxy

　議論領域は人間ですから、∀x は「すべての人」として、この論理式は「すべての人は y を愛している」と解釈できます。注意してほしいのはまだ個体変項 y が残っているということです。ということは、この y をさらに全称量化したり存在量化したりできるということです。

　存在量化してみましょう。こうなります。

∃y(∀xFxy)

　括弧は曖昧にならないかぎりとることにします。

∃y∀xFxy

　これは「すべての人は y を愛している」の y を存在量化したものですから、「すべての人は y を愛している、そういう y がいる」ということで、「すべての人が愛している人がいる」と解釈できます。このように、全称量化や存在量化を複数重ねることを「**多重量化**」と言います。

　注意すべきは、いまやった ∃y∀xFxy と ∀x∃yFxy を区別することです。∀x∃yFxy は Fxy をまず ∃y で存在量化して、次に ∀x で全称量化したものです。さっきと同じように順に考えていきましょう。Fxy を ∃y で存在量化するとこうなります。

∃yFxy

　∃y は「ある人が存在して」ということですから、これは「x には愛している人がいる」と解釈できます。こんどは x が個体変項のまま残っています。そこで次にその x を全称量化します。

∀x∃yFxy

　これは「すべての x に対して、x には愛している人がいる」ということですから、「すべての人には愛している人がいる」と解釈できます。

　初心者は括弧をつけた方が分かりやすいのではないでしょうか。

　∃y∀xFxy と ∀x∃yFxy を比べながらもう一度説明しましょう。

∃y∀xFxy

＝∃y(∀xFxy)

＝あるyが存在し、∀xFxy

＝あるyが存在し、すべての人はyを愛している

＝すべての人が愛している人がいる

∀x∃yFxy

＝∀x(∃yFxy)

＝すべてのxに対して、∃yFxy

＝すべてのxに対して、xには愛している人がいる

＝すべての人には愛している人がいる

　∀x∃yFxyと∀y∃xFxyの違いはどうでしょう？　問題にしましょうか。

問題32　論理式∀y∃xFxy を、議論領域を人間とし、Fxy を「x は y を愛している」として解釈しなさい。

　順序よく捉えていくことです。括弧をつけて見やすくしましょう。

　∀y(∃xFxy)

　これは Fxy を最初に x で存在量化して∃xFxy として、それからそれをy で全称量化したものです。

　そこでまず、括弧の中の∃xFxy の意味を解釈します。Fxy は「x は yを愛している」という意味ですから、∃xFxy は「y を愛している人がいる」という意味です。

　次にそれを全称量化します。つまり、「すべての y に対して、y を愛している人がいる」となります。そこで、∀y(∃xFxy)は「すべての人には、その人を愛している人がいる」と解釈されます。でも、「愛されている」と受け身にした方が自然な日本語になりそうですから、解答はその形で示しておきましょう。

問題 32 の解答　すべての人は誰かに愛されている。

　∀x∃yFxy は「すべての人には愛している人がいる」で、∀y∃xFxy は「すべての人は誰かに愛されている」になるわけです。

....

質問　あのですね。難しいんですけど。もっとすっと分かるようになりませんか。
答え　じゃあ、同じことをちょっと違う仕方で説明してみましょう。こっちの説明の方が分かりやすいという人もいるかもしれません。

....

　∀y∃xFxy を外側から読んでみます。

　一番外側に∀yがありますから、この論理式は「すべての y に対して何かが成り立つ」というものです。

　では、すべての y に対して何が成り立つのかというと、∃xFxy が成り立つというわけです。

　∃xFxy は「ある x が存在して Fxy が成り立つ」というもので、Fxy は「x は y を愛している」ですから、これは「ある x が存在して x は y を愛している」となります。つまり、「y を愛している人がいる」です。

　このことがすべての y に対して成り立つというわけですから、「すべての y に対して、y を愛している人がいる」となり、つまり「すべての人に対して、その人を愛している人がいる」となります。

　あとは、ゆっくり落ち着いて順序よく見ていくことですね。

練習問題 62　論理式∃x∀yFxy を、議論領域を人間とし、Fxy を「x は y を愛している」として解釈しなさい。

....

質問　∃y∀xFxy、∀x∃yFxy、∃x∀yFxy、∀y∃xFxy がそれぞれ違う意味に解釈されるというのは、まあ、どう違うか説明せよと言われるとまだまごつきますけど、一応分かりました。

　それで、質問したいのは、∀x∀yFxy と∀y∀xFxy です。これは同じ意味なんですか、違う意味なんですか？
答え　論理式としてはその二つは異なる論理式ですが、同値になります。それから、∃x∃yFxy と∃y∃xFxy も同値になります。全称量化子を二つ重ねたり、

存在量化子を二つ重ねる場合のように同種の量化子を重ねた場合には、量化する順番を入れ替えても同値になります。でも、全称量化子と存在量化子という異種の量化子を重ねた場合には、順番を入れ替えると同値ではなくなるのです。ですから、$\exists y \forall x Fxy$ と $\forall x \exists y Fxy$ は同値ではありません。

だけど、$\forall x \forall y Fxy \equiv \forall y \forall x Fxy$ や $\exists x \exists y Fxy \equiv \exists y \exists x Fxy$ は証明しなければいけないことで、その証明はここでは省略します。

....

練習問題 63　議論領域を人間とし、Fxy を「x は y に手紙を出した」として、次の論理式を解釈しなさい。

(1) $\exists x \forall y Fxy$

(2) $\exists y \forall x Fxy$

多重量化の命題にド・モルガンの法則を適用してみましょう。といっても、全称と存在のド・モルガンの法則を順番に適用すればよいので、機械的にやれます。問題にしましょう。

問題 33　$\neg \forall x \exists y Fxy$ と同値な論理式を①〜④から選びなさい。

① $\forall x \forall y \neg Fxy$

② $\forall x \exists y \neg Fxy$

③ $\exists x \forall y \neg Fxy$

④ $\exists x \exists y \neg Fxy$

「全称の否定は否定の存在・存在の否定は否定の全称」という言葉を思い出しましょう。$\neg \forall x \boxed{}$ は $\exists x \neg \boxed{}$ ですから、$\neg \forall x \exists y Fxy$ は $\exists x \neg \exists y Fxy$ と同値になります。さらに $\neg \exists y Fxy$ にもド・モルガンの法則を適用すると $\neg \exists y Fxy$ は $\forall y \neg Fxy$ と同値になります。これを組み合わせると、$\neg \forall x \exists y Fxy$ は $\exists x \forall y \neg Fxy$ と同値になると分かります。

例えば、議論領域を人間、Fxy を「x は y を愛している」として解釈すると、$\neg \forall x \exists y Fxy$ は「(すべての人には愛している人がいる)ということはない」と解釈され、$\exists x \forall y \neg Fxy$ は「すべての人を愛していない人がいる」と解釈されます。日常の言葉で考えるより、記号でやった方が楽じゃないですか？

問題 33 の解答　③

練習問題 64　￢∃x∀yFxy と同値な論理式を①～④から選びなさい。

① ∀x∀y￢Fxy

② ∀x∃y￢Fxy

③ ∃x∀y￢Fxy

④ ∃x∃y￢Fxy

否定を含んだ多重量化の論理式を解釈する問題もやっておきましょう。

問題 34　議論領域を人間とし、Fxy を「x は y の親である」として、次の論理式を解釈し、その命題の真偽を言いなさい。

(1) ∀x∀y￢Fxy

(2) ∃x∃y￢Fxy

(3) ∀x￢∀yFxy

(4) ∃x￢∃yFxy

まだ自信がない人は練習問題 65 のあとにある問題 34 の解説と解答を読んでください。やれるぞという人、練習問題に進みましょう。

練習問題 65　議論領域を自然数とし、Fxy を「x は y より大きい(y は x より小さい)」として、次の論理式を解釈し、その命題の真偽を言いなさい。

(1) ∀y∃xFxy

(2) ∀x∃yFxy

(3) ￢∃x∀yFxy

(4) ∃x￢∃yFxy

問題 34 の解説と解答

(1) ∀x(∀y￢Fxy)ですから、「∀x(x はすべての y に対して〈x は y の親ではない〉という関係にある)」と読めます。つまり、「∀x(x は誰の親でもない)」ということです。

「x は誰の親でもない、すべての x がそうだ」というわけですから、「すべての人は誰の親でもない」と解釈できます。

親子関係にある人たちはいくらでもいますから、これは偽です。

(2) $\exists x(\exists y \neg Fxy)$ ですから、「$\exists x$(x はある y に対して〈x は y の親ではない〉という関係にある)」と読めます。つまり、「$\exists x$(x は誰かある人の親ではない)」ということです。

「x は誰かある人の親ではない、そういう x が存在する」というわけですから、「ある人は誰かある人の親ではない」と解釈できます。

例えば、なんでもいいのですが、徳川家康は夏目漱石の親ではありませんから、この命題は真です。

(3) $\forall x(\neg \forall y Fxy)$ ですから、「$\forall x$(x はすべての人の親であるということはない)」と読めます。つまり、「どんな人も、すべての人の親であるということはない」と解釈できます。 (1)の「すべての人は誰の親でもない」との違いに注意してください。) すべての人の親なんて人はいませんから、真です。

(4) $\exists x(\neg \exists y Fxy)$ ですから、「$\exists x$(x が親である人は存在しない)」と読めます。つまり、「誰の親でもない人がいる」と解釈できます。

例えば私などは子どもがいませんから、誰の親でもありません。ですから、この命題は真です。

まだ多重量化の論理式の解釈がうまくいかない人もいるでしょう。でも、このくらいにしておきましょう。こうしたことに熟達するのが目標ではありません。述語論理の論理式がものすごく大きな表現力をもつことに感じ入ってくれれば、それで十分です。

述語論理の論理式の解釈という話題の最後として、もう少し複雑な論理式を解釈する問題を出してみましょう。この論理式が解釈できるようになってほしいとか、この論理式を書けるようになってほしいというのではなく、多重量化まで踏み込んだ述語論理の表現力を知ってほしいのです。ですから、できたらそりゃあすばらしいですが、解説を読んで解答を見て納得できれば、それだけでも十分です。

問題35 議論領域をある大学の教師と学生の全体とし、Fx を「x は教師である」、Gx を「x は学生である」、Hxy を「x は y を不合格にした」として、次の論理式を解釈しなさい。

(1) $\forall x(Fx \supset \exists y(Gy \land Hxy))$

(2) $\exists x(Fx \land \forall y(Gy \supset Hxy))$

....

質問 ええとですね、Gx を「x は学生である」としてますよね。でも、そのあとに出てくる論理式 $\forall x(Fx \supset \exists y(Gy \land Hxy))$ では Gy になってるんですけど。これって……？

答え ああそうか。説明不足でした。ごめんなさい。Gx は「x は学生である」で Gy は「y は学生である」ですが、x や y は誰か人を代入する空欄にすぎませんから、どちらも「…は学生である」という同じ述語を表わしています。Gx を存在量化して $\exists x Gx$ にすれば「ある人は学生だ」になりますが、Gy を存在量化して $\exists y Gy$ にしても、やはり「ある人は学生だ」になります。同じことなんですね。

....

では、問題35を考えましょう。第28章で「すべての哲学者は怠け者だ」と解釈される論理式と「ある哲学者は怠け者だ」と解釈される論理式をやったのを覚えていますか？ 議論領域を人間として、Fx を「x は哲学者である」、Gx を「x は怠け者である」とすると、「すべての哲学者は怠け者だ」は「すべての x に対して、もし x が哲学者であるならば x は怠け者である」と捉えられるので、そのように解釈される論理式は次のようになるのでした。

$$\forall x(Fx \supset Gx)$$

また、「ある哲学者は怠け者だ」は「ある x が存在し、x は哲学者であり、かつ、怠け者である」と捉えられるので、そのように解釈される論理式は次のようになります。

$$\exists x(Fx \land Gx)$$

そうすると、(1)の $\forall x(Fx \supset \exists y(Gy \land Hxy))$ は「すべての x に対して、x が教師であるならば、ある y が存在し、y は学生であり、かつ、その教師 x は y を不合格にした」と読めます。

(2)の∃x(Fx∧∀y(Gy⊃Hxy))は「あるxが存在し、xは教師であり、かつ、xはすべての学生を不合格にした」と読めます。

問題 35 の解答

(1) どんな教師にも、その教師が不合格にした学生がいた。

(2) ある教師はすべての学生を不合格にした。

31　公理系

妥当式とは、どのように解釈しても必ず真になる論理式です。

解釈の仕方によって真になったり偽になったりする論理式は妥当式ではありません。例えば、∀x∃yFxy は、議論領域を人間として、Fxy を「xはyの子だ」とすれば、「すべての人は誰かの子だ」と解釈され真ですが、Fxy を「x は y の親だ」とすれば「すべての人は誰かの親だ」と解釈され偽です。

それに対して、29-2 で示した妥当式の例は、どう解釈しても真になります。あるいは、全称と存在のド・モルガンの法則も妥当式ですし、多重量化を用いた論理式で言えば、次のような論理式も妥当式です。

∃x∀yFxy⊃∀y∃xFxy

しかし、29-3 でも述べておいたことですが、ある論理式がどのように解釈しても真になるということを示すのは簡単ではありません。一つや二つの解釈で真になることを示したとしても、それではまだぜんぜん足りないわけです。

命題論理の場合には妥当式は恒真式と呼ばれ、真理表を用いて論理式が恒真式かどうかを調べることができました。でも、これも私たちの扱っていた命題論理が「命題は真か偽のいずれかである」という二値論理を採用

している標準的な命題論理だから可能になったやり方なのです。

そこで、「公理系」という方法がとられることになります。

これから公理系について説明していこうと思いますが、分かってほしいのは「公理系とはどういうものなのか」ということです。そこで命題論理——私たちの扱ってきた標準的な命題論理——の場合を例にとって公理系の説明をすることにします。述語論理の公理系を説明するのはけっこう手間がかかりますから、命題論理の場合で説明する方が分かりやすいでしょう。また、分かってほしいのは公理系というものの考え方ですから、命題論理の場合で公理系を理解してくれれば、この本の目標はそれで十分に達成できます。

31-1　公理と定理

命題論理の妥当式はとくに恒真式と呼ばれますが、ここでは命題論理を事例として公理系について一般的に理解することを目指しますので、恒真式ではなく妥当式と呼ぶことにしましょう。とはいえ、扱うのは命題論理ですから、妥当式ということで恒真式(つねに真になる論理式)のことを考えてくれればいいです。

命題論理の妥当式は無限個あります。それはたんに次のような妥当式を考えてみても分かります。

$$P \supset \neg \neg P$$
$$P \supset \neg \neg \neg \neg P$$
$$P \supset \neg \neg \neg \neg \neg \neg P$$
$$\vdots$$

「$P \supset \neg \neg P$」は二重否定則ですが、「$\neg \neg P \supset P$」と区別して、否定を2個付け加えるものなので「二重否定導入則」と呼ぶことにします。(ちなみに「$\neg \neg P \supset P$」の方は「二重否定除去則」と呼ばれます。)否定の導入は二重否定だけでなく、偶数回否定すれば肯定に等しくなるわけですから、

四重否定導入則はもちろん、百万重否定導入則でも一億重否定導入則でも、無限個成り立ちます。

　でも、なにもそれらをすべてとりあげなくたって、二重否定の場合だけ考えておけば他のものはそれを使って導けるのではないか、そんなふうに思えませんか？　そう、それが、公理系の基本的な考え方なのです。

　次の二つを認めてみましょう。

　① A⊃￢￢A
　② A⊃B と B⊃C から A⊃C を導いてよい

　①のように出発点となる論理式を「**公理**」と呼び、②のようなものは「**推論規則**」と呼びます。（ちゃんとした定義はあとで示します。）

　P、QではなくA、Bにしたのは、AのところにPだけでなくさまざまな論理式を代入したいからです。例えば、①のAのところに￢￢Pを代入すると、次が成り立ちます。

　　￢￢P⊃￢￢￢￢P

　公理①はこの論理式が成り立つことも意味しています。つまり、①や②はこうしたA、B、Cのところに任意の論理式をあてはめていいです、というものなのです。ただし、同じ文字のところにはすべて同じ論理式を入れてください。

....

質問　ちょっと待ってください。公理①の A⊃￢￢A というのは P⊃￢￢P という論理式だけじゃなくてAに￢￢Pを入れれば￢￢P⊃￢￢￢￢P になるし、Aに￢￢￢￢Pを入れれば￢￢￢￢P⊃￢￢￢￢￢￢P になる。A⊃￢￢A はこうした論理式のすべてを表わしているんですか？　ということは、ええと、よく分からないんですが、A⊃￢￢A というのは一つの論理式なんですか？それとも複数の論理式なんですか？

答え　A⊃￢￢A は、いわば論理式の型を表わしているんですね。A⊃￢￢A が公理ということは、この型をもった論理式であれば、証明の出発点として認めましょう、ということなのです。そしてA⊃￢￢A という型をもった論理式には、P⊃￢￢P や￢￢P⊃￢￢￢￢P 等々がある、というわけです。

公理①と推論規則②を使えば、何重否定導入則でも導けることになります。一例として、四重否定導入則 P⊃¬¬¬¬P を導いてみましょう。

　まず、①の A に P を入れると、P⊃¬¬P が言えます。
　次に、①の A に¬¬P を入れると、¬¬P⊃¬¬¬¬P が言えます。
　そして推論規則②を用いて、いまの P⊃¬¬P と¬¬P⊃¬¬¬¬P から P⊃¬¬¬¬P を導けます。

（証明終了）

　証明の3〜4行目は、推論規則②「A⊃B と B⊃C から A⊃C を導いてよい」の A に P を、B に¬¬P を、C に¬¬¬¬P をあてはめたものです。
　さて、いま私たちは何を証明したのでしょう。

....

質問　何を証明したのでしょうって、なに言ってるんですか。さっき自分で「四重否定導入則が妥当式だということを証明しよう」って言ってたじゃないですか。いまの証明で四重否定導入則が妥当式だってことが証明されたんじゃないんですか？
答え　いや、私は「次の二つを認めてみましょう」と言ったのです。次の二つというのは①と②です。つまり、①と②を認めたならば、四重否定導入則がそこから導けることが、ここで証明されたことです。それだけではまだ四重否定則が妥当式だとは証明されていません。
　　ちゃんと説明しましょう。

....

　ここをきちんと押さえておくことが、公理系の考え方を理解する上で一番だいじなところです。
　公理と推論規則から導かれた論理式を「**定理**」と呼びます。そして、公理と推論規則から定理を導くことが「**証明**」です。

```
                          証明
      公理と推論規則 ――――――――――→ 定理
```

いまの例で言えば、「A⊃¬¬A」という公理と「A⊃B と B⊃C から A⊃C を導いてよい」という推論規則から、「P⊃¬¬¬¬P」を導いたわけで、この導く過程が「証明」と呼ばれ、導かれた四重否定導入則が「定理」です。

そして、このような公理と推論規則を用いて定理を導く体系を「**公理系**」と呼びます。

覚えてほしい用語

公理：出発点となる論理式

推論規則：いくつかの論理式からある論理式を導いてよいとする規則

定理：公理と推論規則を用いて導かれる論理式

公理系：公理と推論規則を用いて定理を導く体系

質問 定理っていうのは妥当式のことじゃないんですか？
答え まだそこまでは証明できていません。もう少し説明しましょう。

四重否定導入則の場合で考えましょう。証明できたのは公理①と推論規則②から P⊃¬¬¬¬P が導けるということです。P⊃¬¬¬¬P が妥当式であることを示すには、次の二つがさらに示されねばなりません。

(1) 公理が妥当式であること
(2) 推論規則が妥当式から妥当式を導く規則であること

(1)と(2)が示されたならば、(1)から、公理①の A を P とした P⊃¬¬P も、A を ¬¬P とした ¬¬P⊃¬¬¬¬P も、どちらも妥当式ということです。そしてその二つが妥当式なら、(2)から、それと推論規則②を用いて導かれた P⊃¬¬¬¬P は妥当式だということになります。

質問 ちょっと待ってください。進むのが速くてついていけないんですが。ええ

と、定理というのは、公理と推論規則を用いて導かれる論理式のことですね。で、公理が妥当式で、推論規則が妥当式から妥当式を導くものだとすると、公理と推論規則を用いて導かれた定理は妥当式になる、と。

　つまり、親がイケメンで、もしイケメンが遺伝するなら、子もイケメン、孫もイケメン、子々孫々みんなイケメン、て感じですかね。

答え　そ、そうかな。そのイケメンの喩えはどうかと思うけど、感じは出ていますね。

……………………………………………………

　そこで、公理と推論規則から導かれるということをまず「定理」ということで押さえておきます。定理はもちろん妥当式であることが期待されますが、定理であると証明されたからといって、それだけではまだその定理が妥当式であることまでは証明されていません。定理が妥当式であることを示すには、いま述べたように、さらに公理が妥当式で、推論規則が妥当式から妥当式を導くものであることを示す必要があります。

　このように、ある公理系の定理がすべて妥当式になるとき、妥当式ではない変な論理式が定理になることがないという感じで、その公理系は「**健全**」であると言われます。

　繰り返しておきます。妥当式はどう解釈しても真になる論理式です。論理学は、この妥当式を捉えたいのです。でも、どう解釈しても真になるということを示すのは難しい。そこで、出発点となる論理式の型を公理として立てて、そこから何を導いてよいかを定める推論規則と組み合わせて定理を導く体系、すなわち公理系を作ります。でも、定理がちゃんと妥当式になっているということは証明しなければいけません。

覚えてほしい用語

公理系の健全性：その公理系の定理がすべて妥当式になること

質問　てことは、命題論理の健全な公理系を作ればいいってことですね？

答え　いや、甘いです。それではまだ不十分です。

先の公理①と推論規則②からなる公理系を考えてみましょう。

公理系 DNI

公理 1　A⊃￢￢A

推論規則　A⊃B と B⊃C から A⊃C を導いてよい

質問　DNI ってなんですか？

答え　私が適当につけた名前で、"Double Negation Introduction"（二重否定導入）の頭文字ですが、気にしないでください。

....

　公理 1 が妥当式（恒真式）であることは真理表を使って示せます。推論規則についても、A⊃B と B⊃C がともに真のときは A⊃C も真になることが真理表を使って示せます。そしてこのことは、A⊃B と B⊃C がともに妥当式（つねに真）ならば A⊃C も妥当式（つねに真）だということを意味します。つまり、公理系 DNI は健全な公理系です。

　しかし、この公理系では偶数回の否定が肯定に等しいということしか証明できません。これでは命題論理の公理系と呼ぶにはあまりに不足でしょう。期待されているのは、命題論理の妥当式のすべてが定理になるような公理系です。

....

質問　それは健全ってことじゃないんですか？

答え　ナイスなボケです。違います。

質問　別にボケたつもりはないんですけど。だって、健全性って「定理がすべて妥当式になること」でしょう？　あ、……

答え　気がつきましたか。

....

　健全性は「定理がすべて妥当式になること」、それに対していま言ったのは「妥当式がすべて定理になること」です。互いに逆の関係ですから、区別しないといけません。

　そこで、妥当式がすべて定理になるとき、その公理系は**「完全」**であると言われます。

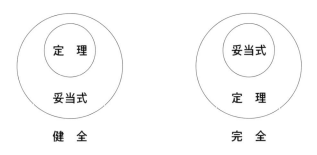

　ただ「健全」とだけ言ったときには、定理はすべて妥当式であっても、定理にならない妥当式があるかもしれません。逆に、ただ「完全」とだけ言ったときには、妥当式はすべて定理になりますが、妥当式ではないものも定理になるかもしれません。公理系に求められるのは両方です。つまり、妥当式は必ず定理になり、定理は必ず妥当式になる。そして定理と妥当式が一致するとき、その公理系は「健全かつ完全」と言われます。

....

質問　いや、ちょっと待ってください。命題論理の公理系は当然述語論理の妥当式を定理にはしませんよね。てことは、命題論理の公理系は命題論理にとどまるかぎりどう作っても完全にはならないってことですか？

答え　おお。こんどはナイスなつっこみです。さあ、どう答えましょうか。

....

　私たちが扱ってきたのは、二値原理を採用する標準的な命題論理です。この標準的な命題論理において妥当式とされるものが無限個あります。この無限個の妥当式を、すべて過不足なく、有限個の公理と推論規則を用いて捉えてやりたい。それが命題論理の公理系の目標です。ですから、述語論理に対しては述語論理の公理系が作られて、述語論理の妥当式をすべて定理として導くものとして、公理系の完全性が言われます。

　こんなふうに、完全性というのは、そこで考えたい論理がどのようなものであるのかに応じて決まってくる概念なのです。命題論理の公理系は命題論理の妥当式(恒真式)のすべてが定理になるとき完全と言われます。述語論理の公理系は述語論理の妥当式のすべてが定理になるとき完全と言われます。でも、とりあえずは「妥当式のすべてが定理になること」と規定しておいてよいでしょう。

そして、標準的な命題論理の場合は恒真式が妥当式ですから、その完全性は次のように規定できます。

先に示した公理系 DNI は健全ではあるけれども不完全な公理系だったというわけです。

31-2　命題論理の公理系

標準的な命題論理に対して健全で完全な公理系はいろいろなものが作れます。一つの具体例を示してみましょう。

公理系 PL

公理 1	$(A \lor A) \supset A$
公理 2	$A \supset (A \lor B)$
公理 3	$(A \lor B) \supset (B \lor A)$
公理 4	$(A \supset B) \supset ((A \lor C) \supset (B \lor C))$
推論規則	A と $A \supset B$ から B を導いてよい
定義 1	$A \land B$ は $\neg(\neg A \lor \neg B)$ の略記である
定義 2	$A \supset B$ は $\neg A \lor B$ の略記である

「PL」というのは命題論理を意味する英語 "propositional logic" の頭文字で、私が適当につけた名前です（この公理系そのものはもちろん私が適当に作ったものではありません）。たぶんこれを見ても「なんだこれ？」といったところじゃないでしょうか。

公理1〜4は定理を証明するための出発点です。そして、これらの公理と推論規則を用いて定理を証明します。

定義1は、「¬(¬A∨¬B) はA∧Bに置き換えてもいいですし、逆に、A∧Bは¬(¬A∨¬B)に置き換えてもかまいません」ということを述べていて、¬、∧、∨の関係を定義したものです。定義2も同様に、¬、∨、⊃の関係を定義したものです。定義1と定義2で¬と∧の記号が導入されています。

では、少しだけ定理の証明の気分を味わってみましょうか。同一律と呼ばれる定理P⊃Pの証明を考えてみます。

....

質問 え？　P⊃Pを証明するんですか？　P⊃Pなんて、「イワシが魚ならばイワシは魚だ」とか「デカルトが馬鹿ならばデカルトは馬鹿だ」とかでしょう？　どう解釈したって真になるのあたりまえじゃないですか。

答え そこが公理系という考え方のうっとうしいところでもあり、面白いところでもあるのです。いずれにせよ、その点が腑に落ちないと公理系という考え方を理解したことになりません。もう少し説明しましょう。

....

公理系のことを少し知っている人の中には、公理というのは自明な真理で、それをもとに定理を証明していくのだ、と思っている人もいるのではないでしょうか。そのように考えている人にとっては、公理系PLが公理4で(A⊃B)⊃((A∨C)⊃(B∨C))なんていうのを公理にしていて、そこからP⊃Pを証明しようとしているのは、まったくひっくりかえったやり方に思えるでしょう。

しかし、その考えは捨ててください。公理系は、無限個ある妥当式のすべてを有限個の公理と推論規則と定義だけで捉えられる、そこにポイントがあるのです。公理系PLは、命題論理の妥当式、すなわち恒真式のすべてを過不足なく証明できるということを目標としており、公理はその出発点となる論理式です。公理は別に自明の真理でなくてもよいのです。（だ

いたい何が自明で何が自明ではないかは主観の問題でしょう。)

　妥当式が無限個ある。その中でこれだけをまず出発点としてとっておけ
ば、あとはここから証明できる。それだけが、公理系の肝要なところなの
です。戸田山和久さんの『論理学をつくる』(名古屋大学出版会)(もっと論
理学のことを勉強したくなったら、とってもぶ厚くてとっても重い本で
すが、この本をお薦めします)の260ページに、メレディスという人が
1953年に発表したという公理系が紹介されています。それは公理が次の
一つだけです。(戸田山さんの本とは表記法が異なっています。)

$$((((A⊃B)⊃(¬C⊃¬D))⊃C)⊃E)⊃((E⊃A)⊃(D⊃A))$$

　これなどはもう趣味の世界としか言いようがないでしょうね。

　では、公理系PLでP⊃Pを証明することを考えてみましょう。公理系
PLを見返しながら進んでください。ただし、きちんとやろうとするとけ
っこう手間がかかりますから、あくまでも証明の「気分」にとどめておき
ます。

　まずはこんなふうに考えられます。

　① 公理2「A⊃(A∨B)」から、P⊃(P∨P)
　② 公理1「(A∨A)⊃A」から、(P∨P)⊃P
　③ ①と②から、P⊃P

　①では、公理2「A⊃(A∨B)」でAにPを入れて、Bにも同じPを入
れています。②は単純に公理1「(A∨A)⊃A」のAにPをあてはめたも
のです。

....

質問　あれ、AにPを入れて、Bにも同じPを入れるんですか？　同じ文字には
　同じ論理式を入れるんじゃなかったでしたっけ？

答え　ええ、同じ文字には同じ論理式を入れます。でも、それは違う文字に同じ
　論理式を入れてはいけないということではないでしょう？　必要なら違う文字
　に同じ論理式を入れてもいいんですよ。

さて、いまの①②③でP⊃Pの証明ができたかというと、まだこれでは
ダメです。③の「①と②から、P⊃P」というところがまだ証明されてい
ません。

....

質問　それ、A⊃BとB⊃CからA⊃Cが言えるという、前にやった「推移律」と
　　いうやつでしょう？　推移律を使っちゃいけないんですか？
答え　覚えてましたか？　その通り、推移律です。だけど、まだ証明されていな
　　いのです。これも証明してからでないと使えません。

....

　ここに公理系ということの大きなポイントがあります。そもそもなんで
論理学などという学問が必要とされるのかと言えば、とんでもなく頭のい
い人が完璧に落ち着いて冷静にひたすらよーく考えてみたけれど論理的に
うまくいかなかった、ということがありうるからなのです。（天才だって
人間ですからね。）考えていて混乱しそうになったときに、ともかく全部
きちんと書き出してみよう、などということは私たちでもやることでしょ
う。公理系というのはまさにそういうもので、ここでどういう推論をした
のか、ここではどういう前提が働いているのか、そうしたことを洗いざら
い表立って書き出して、凡人にもその正しさが判断できるように、ひとつ
ひとつ愚直にやっていこうとするのです。
　ですから、公理系PLでは四つの公理と推論規則と二つの定義以外のこ
とは使ってはいけません。百パーセント潔癖に、愚直に、それを守ります。
証明された定理はそのあとで使うことができますが、まだ証明されていな
いものは、どれほど正しそうに思えても、使ってはいけないのです。
　そこで公理系PLでP⊃Pの証明をするには、さらに推移律を証明しな
ければなりません。しかし、これがなかなか手強いんですね。いまは省略
しましょう。公理系で定理を証明するのも、慣れるとなかなか楽しくでき
たりするのですが、この本では証明問題はやめておきます。もし証明をや
ってみたいのであれば、もっと証明がやりやすい公理系として「自然演
繹」と呼ばれる公理系がありますから、それをお薦めします。私の『論理
学』(東京大学出版会)という本では、自然演繹の体系を少しアレンジした公
理系を使って証明問題をいろいろ出しています。興味のある人はチャレン
ジしてみてください。

でも、公理系で定理を証明するというのは、論理学ではさほどだいじな
課題ではありません。だいじなのは公理系という考え方を理解することで
す。公理系 PL は命題論理のすべての恒真式を過不足なく定理にすること
を目標にしています。

そこで、論理学がやらなくてはいけない仕事は公理系 PL が健全かつ完
全だと証明することです。健全性はわりと簡単に証明できますが、完全性
の証明はだいぶ手間がかかりますし、それほど簡単でもありません。論理
学の入門コースからは外れますので、私たちとしてはここまででよしとし
ましょう。

....

質問　公理系の完全性の証明というのも、公理や推論規則を使ってやるんです
か？　もしそうなら、なんか変な感じがするんですけど。

答え　ああ、そこはだいじなところでしたね。もし健全かどうかまだ分からない
公理系を使ってその公理系自身の健全性を証明するのだとしたら、確かになん
だかおかしな話です。

「証明」ということで、二つの異なる意味を区別した方がいいでしょう。
健全性や完全性の証明というときの「証明」はふつうの意味の証明です。すな
わち、あることがらの正しさを理を尽くして誰もが納得できるように示すこと、
曖昧ですが、他に言いようもありません。

それに対して公理系の「証明」は独特な意味です。定理の証明とは、ある論
理式が公理と推論規則から導かれることを示したものです。その意味では「証
明」とは言わないで、たんに「導出」とだけ言っておいた方がいいのかもしれ
ません。先ほど紹介した戸田山さんの『論理学をつくる』では、公理系におい
て定理を導出することを"proof"と呼んで、完全性の証明などの「証明」と区
別しています。そして「次の論理式の proof を構成せよ」なんて問題を出して
います。私の『論理学』という本では、公理系の中での定理の導出を「形式的
証明」、完全性の証明などの証明を「非形式的証明」あるいは「実質的証明」
として、少し考察しています(205-207 ページ)。この話題についてもう少し考
えてみたいという人がいたら、どうぞ。

31-3　不完全性定理

以上で私たちの論理学入門の行程は終了です。ここからさらに論理学と
いう山の奥へと踏み込んでいくことになります。そこで最後に、いま私た

ちのいるところから見上げることのできる遠くのひときわ高い峰を紹介しましょう。もちろんいま登ろうというのではありません。その美しい峰を眺めながら、論理学という学問の奥行きを感じてほしいのです。

　その頂きの名前は「不完全性定理」です。命題論理に対しては完全な公理系、すなわち恒真式のすべてを定理にするような公理系を作ることはできます。例えば公理系 PL はそうです。また、述語論理に対しても完全な公理系を作ることができます。しかし、数学に対してはどうやったって完全な公理系を作ることはできないというのです。1931 年、クルト・ゲーデル (1906-1978) がそのことを証明しました。

　実は述語論理は数学にかなり近いところまで来ています。これに等号「＝」と自然数の公理を加えれば、自然数論という数学になります。等号を加えるところまでは述語論理の拡張として論理学の範囲とみなせますが、そこに数を入れると、数についての学問、すなわち数学になるのです。

　すると、論理学は完全な公理系を作ることができるのだけれど、数学になると完全な公理系を作ることができない、ということになります。

　ただし、少し慎重な言い方をしておきましょう。命題論理では命題記号を具体的な命題として解釈してはじめて真偽の言える命題になりましたし、述語論理では述語記号などの解釈を与えてはじめて命題になりました。そして、妥当式を「どう解釈しても真になる論理式」と定義したわけです。しかし、自然数論の式はすでに真偽の言える命題で、例えば「1＋1＝2」は真ですし、「7 は 2 で割り切れる」は偽です。つまり、解釈する必要がないというか、解釈済みなのです。

　ですから、「妥当式のすべてが定理になる」という論理学の公理系に対する完全性の定義は、数学の場合にはそのままではあてはまりません。ゲーデルが示したのは、正確に言うならばこうです。

　　自然数論に対してどんな公理系を作っても、ある命題 G が作れ、G
　　は自然数論の命題であるにもかかわらず、G も ¬G もその公理系の定
　　理にはならない。

　G は真か偽かどちらかです。つまり、G か ¬G のどちらかは真です。な

のにその公理系はGも¬Gも定理にしないというのです。ということは、その公理系では定理として証明できない自然数論の真理があるということです。これが、ゲーデルの不完全性定理が意味している不完全性です。

　きちんと説明しないので煙に巻かれたような話しかできませんが、そのような命題Gは「Gはこの公理系で証明不可能である」を意味するような命題なのです。そうするとどうなるか、考えてみてください。

　　　G：Gはこの公理系で証明不可能である。

　もしGが証明できたならば、「Gは証明不可能」ということが証明できてしまったので矛盾です。ですからGは証明できません。

　では¬Gが証明できるかというと、¬Gは「Gは証明不可能」の否定ですから「Gは証明可能」となります。それゆえ¬Gが証明されると、「Gは証明可能」が証明されたことになります。つまり、¬GもGも証明可能というわけで、これも矛盾です。

　というわけで、Gも¬Gも証明できないことが証明されるのです。ごめんなさい、なんかキョトンとしてませんか？　でも、なんか面白そうでしょう？　この先に、そんな世界が待っているのです。

練習問題の解答

練習問題1 (1)○★1　(2)○　(3)×　(4)○　(5)×　(6)×　(7)○★2

練習問題2 (1)×　(2)○　(3)○　(4)×

練習問題3 (1)○　(2)○　(3)○★3

練習問題4「白須さんは正直だ」が偽になるのは「白須さんは嘘つきだ」という場合だけではなく、「白須さんは正直とも言えないが嘘つきでもない」という場合を含むから。★4

練習問題5 (1)ベガは恒星だ、かつ、シリウスは恒星だ。★5　(2)イルカは魚ではない、かつ、クジラは魚ではない。　(3)瀬戸さんは犬を飼っている、または、瀬戸さんは猫を飼っている。

練習問題6 ①

練習問題7 ②★6

練習問題8 (1) not P：相馬さんはゴルフをする、または、相馬さんは野球をしない。　(2) not P：田所さんは菜食主義ではない、かつ、田所さんは肉が好きだ。　(3) not P：熱海は静岡県ではない、または、湯河原は静岡県ではない。★7　(4) not P：火星には生命体がいない、かつ、木星には生命体がいない。

練習問題9 寺尾さんは剣道部に所属している。

練習問題10「戸田さんがぼくのことを好きではないなら戸田さんはぼくのことを嫌いだ」と考えて結論を導いていると考えられるが、「好きでないなら嫌い」という推論はまちがっている。「好きでも嫌いでもない」ということがある。

練習問題11 (2)(3)★8

★1　品川駅は港区にあります。

★2　借金の踏み倒しは民事事件であり、犯罪にはあたりません。でも、最初から踏み倒すつもりだと詐欺罪になります。いずれにせよ、やめましょう。

★3　これは偽な前提から正しく演繹して真な結論が出てくる例になっています。ときに「偽な前提から正しく演繹すると偽な結論が出てくる」と言われることがありますが、そんなことはありません。

★4　「正直とも言えないが嘘つきとも言えない」場合として、ときどき嘘をつくけれどそう頻繁ではないという場合をふつうは考えるでしょう。しかし、学生の答えの中に「白須さんは極端な無口である」、さらには「白須さんは赤ん坊である」というのがあって、私は心から「参りました」と頭を下げたのでした。

★5　ベガは夏の大三角を形作る星の一つ、シリウスは冬の大三角を形作る星の一つです。

★6　「ない」を否定すると「ある」になります。二重否定は肯定と同値であるという二重否定則を思い出してください。ちなみに東京ディズニーランドも東京ドイツ村も千葉県にあります。

★7　湯河原は神奈川県です。

★8　「クジラは胎生なので」は仮定ではありません。「なので」というのは理由を述べる言葉です。「クジラは胎生だ」と事実を述べ、その事実がクジラにヘソがあることを説明

練習問題 12 (1) A の逆：我が家の電気代が上がっているならば我が家は漏電している。　A の裏：我が家が漏電していないならば我が家の電気代は上がっていない。　A の対偶：我が家の電気代が上がっていないならば我が家は漏電していない。　(2) A の逆：野上さんに選挙権がないならば野上さんは 18 歳以上ではない。　A の裏：野上さんが 18 歳以上ならば野上さんには選挙権がある。　A の対偶：野上さんに選挙権があるならば野上さんは 18 歳以上である。★9

練習問題 13 (1) A の逆：野菜はトマトだ。　A の裏：トマトではないならば野菜ではない。　A の対偶：野菜ではないならばトマトではない。　(2) A の逆：空を飛ばないならばダチョウだ。　A の裏：ダチョウでないならば空を飛ぶ。A の対偶：空を飛ぶならばダチョウではない。

練習問題 14 (1)哺乳類ではないか卵生ではないならばカモノハシではない。(2)無口になっていないならば、芳賀さんはお腹がすいていないし眠くもなっていない。

練習問題 15 (1)×　(2)×　(3)○★10

練習問題 16 (1)×　(2)○★11　(3)×

練習問題 17 (1)こだまは三島駅に停まるが、こだまだけが三島駅に停まるとは言っていない。それゆえ、三島駅に停まっていることからその列車がこだまだと結論することはできない。これは逆を用いた推論。　(2)同じ理由で、こだまではないからといって三島駅に停まらないと結論することはできない。これは裏を用いた推論。★12

練習問題 18 (1)○★13　(2)×★14　(3)○★15

練習問題 19 (1)②と①から、推移律を用いて、上海亭が休みの日は昼食は来々軒で食べると結論できる。(1)は正しい演繹。　(2)①の対偶より、昼食を来々軒で食べない日は来々軒は開店していない。②の対偶より、来々軒が開店していない日は上海亭は休みではない。しかし、だからといって上海亭で昼食を食べるかどうかは分からない。したがって(2)は正しく演繹できない。

練習問題 20 (1)②より、アルバイトか課外活動が忙しいと授業に出席できな

すると主張しています。ですから、これは条件法の命題ではありません。ヘソは胎児が母体から栄養を受けとるためのものなので、胎生の動物にはヘソがあります。

★9 「18 歳以上ではない」を「18 歳以下である」と書いた人もいるかもしれません。惜しい。「18 歳以上」は 18 歳を含みます。ですから、その否定は 17 歳までで、18 歳を含みません。「18 歳以下」だと 18 歳を含んでしまいますから、正確には「18 歳以上ではない」は「18 歳未満である」になります。

★10　(1)は裏を使った推論。(2)は逆を使った推論。

★11　ダンゴムシに似ていて、触っても丸まらないのであれば、それはワラジムシだと思われます。

★12　新幹線で言えばひかりの一部も三島駅に停車します。また、東海道本線も停車します。さらに言えば伊豆箱根鉄道だって停車します。

★13　宗教学を履修していないならば、「論理学と宗教学を履修している」ということもなく、それゆえ、対偶論法を用いて哲学も履修していないと結論できます。

★14　ひまはあるけれど金がないのかもしれません。

★15　対偶論法を用いて、A 定食も B 定食も注文していないと言えます。それゆえ注文したランチは A 定食ではないと結論できます。

い。それゆえ、課外活動が忙しいと授業に出席できない。①より、授業に出席できないと単位が取れない。したがって、課外活動が忙しいと単位が取れないと結論できる。(1)は正しい演繹。(2)(1)と同様に考えて、アルバイトが忙しいと単位が取れないと結論できる。ここから対偶をとって、単位が取れているのであれば、アルバイトが忙しくはないということだと結論できる。(2)も正しい演繹。

練習問題21 ③より、私の授業は履修者が少ない。それゆえ、履修者が多くはない。これと②から対偶論法を用いて、私の授業は学生の人気が高くないことが導ける。これと①から対偶論法を用いて、私の授業は「not(面白くてためになる)」授業だと言える。ド・モルガンの法則を使えば、私の授業は「面白くないか、または、ためにならない」授業であることになり、さらに③より、私の授業はためになるとされているので、消去法を用いて、私の授業は面白くないと結論できる。したがって、これは正しい演繹である。

練習問題22 ②の対偶をとって、スペースマウンテンに乗らない人は、ディズニーランドに行ったことがないか、ジェットコースターが好きとは言えないか、どちらかである。①の対偶より、ディズニーランドに行ったことがないなら、ディズニーファンではないと言えるが、保坂さんはディズニーファンだけれどもジェットコースターが好きではないのでスペースマウンテンに乗らないのかもしれない。したがって、①～③から「保坂さんはディズニーファンではない」という結論は正しく演繹されない。

練習問題23 安近さんが論理学に合格しなかったと仮定する。この仮定と①より、対偶論法を用いて、安近さんは宗教学に合格したことが導ける。このことと②より、対偶論法を用いて、安近さんは哲学に合格しなかったことが導ける。このことと③より、安近さんは論理学に合格したか、または、宗教学に合格しなかった、ということが導けるが、仮定より安近さんは論理学に合格しなかったとされるので、消去法を用いて、安近さんは宗教学に合格しなかったことが導ける。[★16] このことと①から安近さんは論理学に合格したことが導けるが、これは仮定と矛盾する。それゆえ仮定は否定され、安近さんは論理学に合格したと結論できる。(別解もある。)

練習問題24 (1)単称命題 (2)全称命題[★17] (3)全称命題 (4)単称命題 (5)存在命題[★18] (6)存在命題[★19]

練習問題25 (1)× (2)○ (3)× (4)○ (5)×

練習問題26 ③

練習問題27 ②

練習問題28 (1) B型だがわがままではない人がいる。 (2)すべての鳥は卵生だ。

練習問題29 (1)(d) (2)(b) (3)(c) (4)(a)

★16 この段階で安近さんは宗教学に合格し、かつ、合格しなかったと矛盾を導くこともできます。

★17 偽です。

★18 タチウオにはウロコがありません。

★19 それどころか上映時間1か月という映画もあるらしい。

練習問題 30 (1)○ (2)× (3)○ (4)×

練習問題 31 P：①真 ②真 ③偽 ④偽 Q：①偽 ②偽 ③真 ④偽

練習問題 32 ④

練習問題 33 ②

練習問題 34 ③

練習問題 35 ②

練習問題 36 (1)② (2)① (3)① (4)② (5)② (6)① (7)② (8)① (9)②

練習問題 37 (1)② (2)③ (3)①

練習問題 38 形式：「a は b の子である。それゆえ、b は a の親である。」 論理定項：「…は…の子である」、「…は…の親である」

練習問題 39 (1)形式：「a は女優だ。それゆえ、a は俳優だ。」 論理定項：「…は女優だ」、「…は俳優だ」 (2)形式：「P ならば Q。Q ならば R。それゆえ、P ならば R」 論理定項：「ならば」[20]

練習問題 40 (1)¬P∧Q (2)P∧¬Q (3)¬P∧¬Q (4)¬(P∧Q)

練習問題 41 (1)偽 (2)真 (3)偽 (4)偽 (5)真

練習問題 42

P	¬P	P∨¬P
1	0	1
0	1	1

練習問題 43

P	Q	P∨Q	¬(P∨Q)	¬P	¬Q	¬P∧¬Q
1	1	1	0	0	0	0
1	0	1	0	0	1	0
0	1	1	0	1	0	0
0	0	0	1	1	1	1

　真理表より、¬(P∨Q)が真のとき¬P∧¬Q も真であり、¬(P∨Q)が偽のとき¬P∧¬Q も偽であると分かる。すなわち、¬(P∨Q) ≡ ¬P∧¬Q である。

練習問題 44

P	Q	¬P	¬Q	P⊃Q	Q⊃P	¬P⊃¬Q	¬Q⊃¬P
1	1	0	0	1	1	1	1
1	0	0	1	0	1	1	0
0	1	1	0	1	0	0	1
0	0	1	1	1	1	1	1

★20 「ではない」はこの演繹では論理定項ではありません。

練習問題 45

P	Q	P⊃Q	(P⊃Q)∧P	((P⊃Q)∧P)⊃Q
1	1	1	1	1
1	0	0	0	1
0	1	1	0	1
0	0	1	0	1

　真理表より、((P⊃Q)∧P)⊃Q はつねに真。それゆえ恒真式である。

練習問題 46

P	Q	P⊃Q	¬Q	(P⊃Q)∧¬Q	¬P	((P⊃Q)∧¬Q)⊃¬P
1	1	1	0	0	0	1
1	0	0	1	0	0	1
0	1	1	0	0	1	1
0	0	1	1	1	1	1

　真理表より、((P⊃Q)∧¬Q)⊃¬P はつねに真。それゆえ恒真式である。

練習問題 47

(1) 与えられた推論を論理式で表わすと (P∧Q)⊃Q。

P	Q	P∧Q	(P∧Q)⊃Q
1	1	1	1
1	0	0	1
0	1	0	1
0	0	0	1

　恒真式であるから、問題の推論は正しい演繹である。

(2) 与えられた推論を論理式で表わすと (P∨Q)⊃Q。

P	Q	P∨Q	(P∨Q)⊃Q
1	1	1	1
1	0	1	0
0	1	1	1
0	0	0	1

　恒真式ではないから、問題の推論は正しい演繹ではない。

(3) 与えられた推論を論理式で表わすと ((P⊃Q)∧¬P)⊃¬Q。

P	Q	P⊃Q	¬P	(P⊃Q)∧¬P	¬Q	((P⊃Q)∧¬P)⊃¬Q
1	1	1	0	0	0	1
1	0	0	0	0	1	1
0	1	1	1	1	0	0
0	0	1	1	1	1	1

　恒真式ではないから、問題の推論は正しい演繹ではない。

(4) 与えられた推論を論理式で表わすと$((P \lor Q) \land (Q \supset P)) \supset P$。

P	Q	$P \lor Q$	$Q \supset P$	$(P \lor Q) \land (Q \supset P)$	$((P \lor Q) \land (Q \supset P)) \supset P$
1	1	1	1	1	1
1	0	1	1	1	1
0	1	1	0	0	1
0	0	0	1	0	1

恒真式であるから、問題の推論は正しい演繹である。

練習問題 48

P	Q	$P \supset Q$	$Q \supset P$	$(P \supset Q) \land (Q \supset P)$
1	1	1	1	1
1	0	0	1	0
0	1	1	0	0
0	0	1	1	1

他方、$P \equiv Q$ の真理表は以下のようになる。

P	Q	$P \equiv Q$
1	1	1
1	0	0
0	1	0
0	0	1

両者を比べると、$(P \supset Q) \land (Q \supset P)$ が $P \equiv Q$ と同じものであることが分かる。

練習問題 49

(1) $A = \neg P \supset (P \supset Q)$

P	Q	$\neg P$	$P \supset Q$	A
1	1	0	1	1
1	0	0	0	1
0	1	1	1	1
0	0	1	1	1

(2) $A = (P \lor \neg Q) \lor (\neg P \land Q)$

P	Q	$\neg Q$	$P \lor \neg Q$	$\neg P$	$\neg P \land Q$	A
1	1	0	1	0	0	1
1	0	1	1	0	0	1
0	1	0	0	1	1	1
0	0	1	1	1	0	1

(3) A = ((P⊃Q)∧(¬P⊃Q))⊃Q

P	Q	P⊃Q	¬P	¬P⊃Q	(P⊃Q)∧(¬P⊃Q)	A
1	1	1	0	1	1	1
1	0	0	0	1	0	1
0	1	1	1	1	1	1
0	0	1	1	0	0	1

練習問題 50

(1) A = ((P∧Q)∨R)⊃(P∨R)

P	Q	R	P∧Q	(P∧Q)∨R	P∨R	A
1	1	1	1	1	1	1
1	1	0	1	1	1	1
1	0	1	0	1	1	1
1	0	0	0	0	1	1
0	1	1	0	1	1	1
0	1	0	0	0	0	1
0	0	1	0	1	1	1
0	0	0	0	0	0	1

(2) A = ((P∨Q)⊃R)∨¬R

P	Q	R	P∨Q	(P∨Q)⊃R	¬R	A
1	1	1	1	1	0	1
1	1	0	1	0	1	1
1	0	1	1	1	0	1
1	0	0	1	0	1	1
0	1	1	1	1	0	1
0	1	0	1	0	1	1
0	0	1	0	1	0	1
0	0	0	0	1	1	1

(3) A = ((P∨Q)∧((P⊃R)∧(Q⊃R)))⊃R
    B = (P∨Q)∧((P⊃R)∧(Q⊃R))

P	Q	R	P∨Q	P⊃R	Q⊃R	(P⊃R)∧(Q⊃R)	B	A
1	1	1	1	1	1	1	1	1
1	1	0	1	0	0	0	0	1
1	0	1	1	1	1	1	1	1
1	0	0	1	0	1	0	0	1
0	1	1	1	1	1	1	1	1
0	1	0	1	1	0	0	0	1
0	0	1	0	1	1	1	0	1
0	0	0	0	1	1	1	0	1

練習問題 51 A = ((Q⊃P)∧¬(R∧S))⊃((Q∨R)⊃(S⊃P))

P	Q	R	S	Q⊃P	R∧S	¬(R∧S)	(Q⊃P)∧¬(R∧S)	Q∨R	S⊃P	(Q∨R)⊃(S⊃P)	A
1	1	1	1	1	1	0	0	1	1	1	1
1	1	1	0	1	0	1	1	1	1	1	1
1	1	0	1	1	0	1	1	1	1	1	1
1	1	0	0	1	0	1	1	1	1	1	1
1	0	1	1	1	1	0	0	1	1	1	1
1	0	1	0	1	0	1	1	1	1	1	1
1	0	0	1	1	0	1	1	0	1	1	1
1	0	0	0	1	0	1	1	0	1	1	1
0	1	1	1	0	1	0	0	1	0	0	1
0	1	1	0	0	0	1	0	1	1	1	1
0	1	0	1	0	0	1	0	1	0	0	1
0	1	0	0	0	0	1	0	1	1	1	1
0	0	1	1	1	1	0	0	1	0	0	1
0	0	1	0	1	0	1	1	1	1	1	1
0	0	0	1	1	0	1	1	0	0	1	1
0	0	0	0	1	0	1	1	0	1	1	1

練習問題 52 (1)アンズは猫だ。 (2)アンズは哲学しない。 (3)アンズは哲学する、または、デカルトは哲学する。 (4)デカルトが猫であるならば、デカルトは哲学しない。

練習問題 53 (1)すべての人は哲学する。 (2)すべての人が哲学するわけではない。 (3)すべての人は哲学しない。 (4)哲学する人がいる(ある人は哲学する)。 (5)哲学する人は存在しない。 (6)哲学しない人がいる(ある人は哲学しない)。★21

練習問題 54 (1)空を飛ぶ動物がいる、かつ、水中を泳ぐ動物がいる。 (2)空を飛び、かつ、水中を泳ぐ動物がいる。 (3)すべての動物が空を飛ぶわけではないならば、空を飛ばない動物が存在する。

練習問題 55 (1)Ga (2)¬∀xFx (3)∃x(Gx∧Fx) (∃x(Fx∧Gx)も正解。)

練習問題 56 (1)すべての亀は足が速い。 (2)すべての亀は足が速くない。 (3)すべての亀が足が速いというわけではない。 (4)亀であり、かつ、足が速い動物がいる(足の速い亀がいる)。 (5)亀であり、かつ、足が速くない動物がいる(足の速くない亀がいる)。 (6)亀であり、かつ、足が速い動物はいない(足の速い亀はいない)。

練習問題 57 (1)∀x(Fx⊃Gx) (2)¬∀x(Fx⊃Gx) (3)∃x(Fx∧Gx) (∃x(Gx∧Fx)も正解。) (4)∃x(Fx∧¬Gx) (∃x(¬Gx∧Fx)も正解。)

練習問題 58 (1)「すべての鳥は空を飛ぶ」と解釈される。飛ばない鳥もいる

★21 「哲学しない人もいる」と答えた人もいるかもしれません。しかし「も」にすると「哲学する人もいるが、しない人もいる」という含みが出てきます(65ページを参照してください)。しかし∃x¬Fxには∃xFxでもあるということは含まれていないので、「哲学しない人もいる」ではなく「哲学しない人がいる」にしなければいけません。

ので、偽。 (2)「すべての鳥は卵から産まれる」と解釈されるので、真。

練習問題 59 (1)「ある日本人は結婚している」(あるいは「結婚している日本人がいる」)と解釈されるので、真。 (2)「ある独身の人は結婚している」(あるいは「独身で結婚している人がいる」)と解釈されるので、偽。

練習問題 60 $(\forall x(Fx \supset Gx) \wedge Fa) \supset Ga$

練習問題 61 議論領域はとくに定めない。Fx を「x はキャベツだ」とし、Gx を「x はイワシだ」とする。そのとき、与えられた論理式は「キャベツが存在し、イワシが存在するならば、キャベツでありイワシでもあるものが存在する」となり、偽である。偽な命題となる解釈があるので与えられた論理式は妥当式ではない。[22]

練習問題 62 ある人はすべての人を愛している。(すべての人を愛している人がいる。)

練習問題 63 (1)すべての人に手紙を出した人がいる。[23] (2)すべての人が手紙を出した人がいる(すべての人から手紙をもらった人がいる。)

練習問題 64 ②

練習問題 65 (1)どんな自然数に対しても、それより大きい自然数が存在する。真。 (2)どんな自然数に対しても、それより小さい自然数が存在する。偽。 (3)すべての自然数より大きい自然数は存在しない。真。 (4)ある自然数はそれより小さい自然数が存在しない。真。[24]

---

[22] 他にもさまざまな解答が考えられます。

[23] 「すべての人」の中には自分自身も含まれるので、この解釈が真になるためには、その人は自分にも手紙を出していなければいけません。

[24] 自然数は 0 から始まるとする場合と 1 から始まるとする場合がありますが、1 から始まるとすれば 1 より小さい自然数はありませんし、0 から始まるとすれば 0 より小さい自然数はありません。

索　引

それぞれの項目について，理解に
資すると思われるページをあげる．

　　　　索　引

記　号

野矢茂樹

1954年(昭和29年)東京都に生まれる.85年東京大学大学院博士課程修了.東京大学大学院教授などを経て,現在,立正大学文学部哲学科教授.専攻は哲学.
著書に『哲学の謎』『無限論の教室』(講談社現代新書),『入門! 論理学』(中公新書),『言語哲学がはじまる』(岩波新書),『新版 論理トレーニング』『論理トレーニング101題』(産業図書),『哲学な日々』『心という難問——空間・身体・意味』(講談社),『増補版 大人のための国語ゼミ』(筑摩書房),『そっとページをめくる——読むことと考えること』『ウィトゲンシュタイン『哲学探究』という戦い』(岩波書店),『増補改訂版 哲学・航海日誌』(春秋社),『はじめて考えるときのように』(PHP文庫),『ウィトゲンシュタイン『論理哲学論考』を読む』(ちくま学芸文庫),『心と他者』『ここにないもの——新哲学対話』(中公文庫),『大森荘蔵——哲学の見本』『語りえぬものを語る』(講談社学術文庫)などがある.訳書にウィトゲンシュタイン『論理哲学論考』(岩波文庫)などがある.

まったくゼロからの論理学

2020年2月26日 第1刷発行
2024年6月5日 第11刷発行

著 者 野矢茂樹

発行者 坂本政謙

発行所 株式会社 岩波書店
〒101-8002 東京都千代田区一ツ橋2-5-5
電話案内 03-5210-4000
https://www.iwanami.co.jp/

印刷・精興社 製本・松岳社

そっとページをめくる	野矢茂樹	四六判236頁 定価 2090 円	
ウィトゲン シュタイン『哲学探究』という戦い	野矢茂樹	四六判366頁 定価 2860 円	
言語哲学がはじまる	野矢茂樹	岩波新書 定価 1100 円	
論理哲学論考	ウィトゲンシュタイン 野矢茂樹訳	岩波文庫 定価 935 円	

━━━━ 岩波書店刊 ━━━━

定価は消費税 10%込です

2024 年 6 月現在